EL CLUB DE LOS 99 VISIONARIOS

99 Ideas que Cambiaron el Mundo
¿Harás realidad la 100?

DAVID GRACIA

Clinc Marketing

Clincmarketing

Dedicado a las mentes inquietas que han hecho un Mundo mejor y a todas aquellas personas que lo seguirán haciendo.

CONTENIDO

PRÓLOGO

En el fascinante mundo empresarial, surgen marcas que desafían las convenciones, re-definen industrias y dejan una huella indeleble en la historia. Este libro es un viaje cautivador a través del nacimiento y el ascenso meteórico de 99 marcas icónicas como Apple, YouTube, Airbnb, Starbucks, Nike, Danone o Ford, entre otras, revelando los secretos detrás de su éxito, sus lecciones aprendidas y las estrategias innovadoras que las catapultaron al estrellato empresarial.

Cada capítulo es un fascinante relato que desentraña el ADN de estas marcas, comenzando con los visionarios que las forjaron y explorando cómo sus ideas disruptivas cambiaron paradigmas. Desde el genio de Steve Jobs en Apple hasta la visión de Howard Schultz en Starbucks, se desvelan historias inspiradoras de perseverancia, innovación y audacia.

El libro detalla las campañas de marketing más emblemáticas que cautivaron a audiencias globales, desde el "Just Do It" de Nike hasta las estrategias de expansión global de Starbucks, analizando cómo estas estrategias revolucionaron el mercado y consolidaron la identidad de cada marca.

Además, ofrece datos intrigantes y análisis profundos sobre cómo estas empresas han impactado en la industria, desde la visión innovadora de Henry Ford hasta el impacto que estamos viviendo recientemente con OpenAI.

El libro ha sido organizado de manera que pueda leerse en cualquier orden, presentando las empresas en un orden alfabético para permitir al lector explorar y sumergirse en la historia de cada marca según su preferencia.

Comprender las lecciones de cada empresa permite al lector adentrarse en la forma en que esos fundadores y visionarios se enfocaron en aspectos concretos, desafiaron paradigmas y evidenciaron que el dinero era una consecuencia, no el objetivo primordial de su estrategia empresarial.

Con detalles reveladores y aprendizajes valiosos, este libro es una ventana a la mente innovadora y estratégica que ha impulsado estas marcas a la cima, brindando lecciones que inspirarán a emprendedores, ejecutivos y amantes del mundo empresarial a pensar en grande y desafiar lo establecido.

Conscientes de que no todas las empresas que podrían merecer su lugar se encuentran aquí. Sin embargo, las que sí están, han trascendido las fronteras del tiempo y el espacio, dejando una huella indeleble en nuestra historia colectiva. Cada una de estas empresas, desde su génesis hasta su evolución, ha marcado un antes y un después en nuestras vidas. Son ejemplos vivos de la innovación, la visión y la dedicación que han transformado industrias, revolucionado modos de vida y, en muchos casos, han moldeado el curso mismo de la historia. Estas páginas son un tributo a su legado y un recordatorio de su impacto perdurable en nuestro mundo.

En el proceso de innovación, la clave radica en comprender que la información está ahí, disponible para aquellos que saben buscarla, descubrirla y, sobre todo, integrarla de manera creativa. Un plato de comida no es más que la suma de diversos alimentos, un automóvil es una combinación de múltiples piezas y la vida misma se compone de una colección de experiencias. De esta manera, este libro no ha creado nada nuevo, pero ha consolidado elementos que existían de forma separada, fusionándolos en una obra que anhelaba ver plasmada en un solo volumen.

Se trata de un libro que no persigue grandes ambiciones, sino el simple propósito de reunir historias reales cada dos minutos, sin intrigas, dispuesto a ser devorado en pequeñas dosis de lectura. En estas páginas, no encontrarás esfuerzos por construir mundos ficticios, sino más bien una compilación de relatos auténticos, historias de empresas y emprendedores que, unidos, crean una visión panorámica del mundo empresarial y su evolución.

Este libro es un llamado a la reflexión, a explorar cómo la combinación y reinterpretación de conocimientos preexistentes pueden dar lugar a nuevos enfoques y perspectivas. Así, invito a los lectores a sumergirse en estas páginas, a descubrir, a reflexionar y, sobre todo, a disfrutar de estas historias reales que emergen como piezas de un rompecabezas que conforman el fascinante mundo empresarial.

ADIDAS

"2022: 419 Millones de zapatillas"

Adidas, fundada en 1949 por Adolf Dassler, es una de las marcas líderes en indumentaria deportiva a nivel mundial. La empresa tomó su nombre de las primeras tres letras del apellido de Adolf (Adi) y las primeras tres letras de su apellido Dassler (das), creando así el nombre Adidas.

La marca se ha destacado por su innovación en calzado y ropa deportiva. En los Juegos Olímpicos de 1936, Jesse Owens usó los zapatos de Dassler, lo que generó reconocimiento mundial para la marca.

A lo largo de los años, Adidas ha lanzado varios modelos icónicos de calzado deportivo, como los Superstar y los Stan Smith. Además, ha llevado a cabo colaboraciones con diseñadores y celebridades, creando líneas de moda exclusivas que combinan rendimiento y estilo.

La marca ha adoptado una postura sostenible y ética, comprometiéndose con la fabricación de productos más ecológicos y éticos. Además, ha incursionado en la tecnología, introduciendo avances como el Boost, un material de amortiguación revolucionario.

Aprendizajes

1. **Innovación Constante**: Adidas ha demostrado un compromiso continuo con la innovación en indumentaria deportiva, creando productos que combinan rendimiento y

estilo.

2. Alianzas Estratégicas: Las asociaciones con atletas y equipos de renombre han sido clave para la imagen y el éxito de la marca, mostrando la importancia de las colaboraciones estratégicas.

3. Enfoque en la Sostenibilidad: La adopción de prácticas más sostenibles muestra el compromiso de la empresa con la responsabilidad social y ambiental.

4. Expansión Global: La presencia global de Adidas y su capacidad para adaptarse a diferentes mercados y culturas destacan la importancia de una estrategia global bien estructurada.

5. Fusión de Rendimiento y Estilo: La capacidad de combinar innovación tecnológica con diseño atractivo ha sido clave para mantener a Adidas relevante y a la vanguardia en el mundo de la moda y el deporte.

"Impossible is Nothing"

AIRBNB

"2019: 500 Millones de Huéspedes desde su fundación"

Airbnb se remonta a un apuro financiero en 2007. Brian Chesky y Joe Gebbia, amigos y compañeros de habitación, enfrentaban dificultades para pagar el alquiler de su apartamento en San Francisco durante una conferencia que atraía a multitudes. Con inventiva, idearon una solución: ofrecer alojamiento a quienes asistían al evento.

Ante la escasez de habitaciones disponibles en hoteles, la idea de alquilar colchones inflables en su pequeño departamento tomó forma. Nathan Blecharczyk, otro amigo, se sumó al plan, y juntos transformaron su hogar en un espacio improvisado para hospedar a viajeros.

Para promocionar su iniciativa, crearon un sitio web con fotos de los colchones inflables y ofrecieron desayuno. Aunque la respuesta inicial fue modesta, el concepto estaba sembrado. Esa experiencia condujo al nacimiento de Airbnb, un servicio que revolucionaría la industria del alojamiento, conectando a anfitriones y viajeros de todo el mundo en una plataforma innovadora.

Aprendizajes

1. **Creatividad en la Adversidad**: Ante dificultades financieras, Chesky, Gebbia y Blecharczyk no se conformaron con la situación; en cambio, encontraron una solución creativa para enfrentar el desafío.

2. **Innovación y Flexibilidad**: La disposición para adaptar

su espacio y su mentalidad tradicional sobre el alojamiento permitió la creación de una nueva forma de hospedaje, desafiando las convenciones de la industria hotelera.

3. **Actitud Emprendedora**: La disposición para tomar riesgos y probar algo nuevo, aunque inicialmente modesto, sentó las bases para una de las empresas más exitosas y revolucionarias en la industria de la hospitalidad.

4. **Capacidad de Transformación**: A partir de una idea aparentemente simple, estos emprendedores construyeron una plataforma global, demostrando cómo una idea innovadora puede transformarse en un negocio exitoso.

"Don't Go There. Live There"

AMAZON

"2023: Fortuna de Jeff Bezos: 167.800 millones $"

Amazon, fundada por Jeff Bezos en 1994, comenzó como una librería en línea, pero rápidamente se transformó en un gigante del comercio electrónico. Su enfoque inicial fue la conveniencia y la amplitud de la oferta: ofrecía libros con una selección inmensa y un servicio al cliente excepcional.

La visión de Bezos se extendió más allá de los libros, diversificando el inventario a otros productos, desde electrónicos hasta ropa, abarcando casi cualquier artículo imaginable. La empresa se distinguió por su enfoque en la logística y la eficiencia en la entrega, implementando el programa Prime que ofrecía envíos rápidos y otros beneficios a los suscriptores.

La estrategia de Amazon se amplió con la introducción de Amazon Web Services (AWS), su división de servicios en la nube, que revolucionó la industria tecnológica. Además, la incursión en la producción de hardware (Kindle, Echo y Fire TV), consolidó aún más su posición en el mercado.

El impacto de Amazon se extiende más allá del comercio electrónico: transmisión de contenido digital, la inteligencia artificial (Alexa), la robótica y la expansión hacia la atención médica y la logística de terceros.

Aprendizajes

1. **Enfoque en el Cliente**: El compromiso con la satisfacción del cliente y la conveniencia ha sido fundamental para el éxito de Amazon, priorizando la experiencia del usuario sobre todo.

2. **Innovación Constante**: La capacidad de innovar y diversificar constantemente su oferta de productos y servicios ha permitido a Amazon mantenerse relevante y a la vanguardia en múltiples industrias.

3. **Eficiencia en Logística**: La eficiencia en la cadena de suministro y la logística ha sido clave para su capacidad de ofrecer envíos rápidos y confiables, marcando estándares en la industria.

4. **Expansión Estratégica**: La expansión hacia nuevas áreas, desde servicios en la nube hasta hardware y entretenimiento, demuestra la importancia de una visión estratégica amplia y adaptativa.

5. **Adaptabilidad y Resiliencia**: La capacidad de adaptarse a cambios en el mercado y la resistencia ante desafíos, incluso críticas y controversias, ha sido esencial para su supervivencia y crecimiento continuo.

"Amazon Prime Day"

APPLE

"2017: Tesorería de 250.000 Millones de $"

Apple Inc. fue fundada en 1976 por Steve Jobs, Steve Wozniak y Ronald Wayne en un garaje en California. Comenzaron vendiendo la primera computadora personal, la Apple I. En 1977, lanzaron la Apple II, que fue un éxito y estableció a Apple como un jugador importante en la incipiente industria de la informática.

A principios de los años 80, Apple lanzó la revolucionaria Macintosh, con una interfaz gráfica de usuario y el mouse, sin embargo, conflictos internos llevaron a la salida de Jobs de la compañía en 1985.

El regreso de Jobs en 1997 marcó un renacimiento. Introdujo productos icónicos como el iMac, iPod, iTunes, iPhone y iPad, revolucionando la música, la telefonía móvil y la informática personal.

La estrategia de diseño innovador, la simplicidad de uso y el marketing audaz impulsaron a Apple a ser una de las empresas más valiosas del mundo. Su enfoque en la experiencia del usuario y la creación de una comunidad de fieles seguidores han sido clave en su éxito duradero en la industria tecnológica.

Aprendizajes

1. **Innovación Constante**: Apple ha demostrado un compromiso incesante con la innovación en tecnología y diseño, creando productos disruptivos que han cambiado industrias enteras.

2. **Enfoque en el Diseño**: La estética y la funcionalidad han sido pilares fundamentales en el éxito de Apple, mostrando cómo el diseño puede influir en la adopción y lealtad de los consumidores.

3. **Visión a Largo Plazo**: Apple ha mantenido una visión a largo plazo, invirtiendo en investigación y desarrollo para impulsar avances significativos en la tecnología.

4. **Importancia del Liderazgo**: La influencia de líderes visionarios como Steve Jobs ha sido crucial en la dirección y el éxito de la empresa.

5. **Fidelización de Clientes**: La creación de una base de usuarios leales mediante la entrega de productos y experiencias excepcionales ha sido esencial para el crecimiento y la sostenibilidad de Apple.

"Think Different"

ATARI

"La primera consola tenía 32 bits. Un mensaje de WhatsApp tiene 7 bits"

Atari fue fundada por Nolan Bushnell y Ted Dabney en 1972. La compañía se originó con el desarrollo y la producción de máquinas arcade y videojuegos.

Su primer gran éxito llegó con el juego "Pong" en 1972, una versión electrónica del tenis de mesa que se convirtió en un fenómeno cultural y un punto de referencia en la historia de los videojuegos.

La visión de Bushnell era llevar la experiencia de los videojuegos a los hogares, por lo que Atari lanzó la consola de videojuegos doméstica llamada Atari 2600 en 1977. Esta consola fue un gran éxito y contribuyó significativamente a popularizar los videojuegos entre el público en general, estableciendo a Atari como un líder en la industria.

Aunque Atari enfrentó altibajos y desafíos comerciales más adelante, su legado como una de las compañías pioneras en la historia de los videojuegos es innegable.

Aprendizajes

1. **Innovación constante**: Atari demostró la importancia de la innovación continua en la industria de los videojuegos, desarrollando nuevos conceptos y tecnologías.

2. **Adaptación al mercado**: Aprendieron la importancia de adaptarse a las necesidades y preferencias cambiantes del

mercado para mantenerse relevantes.

3. **Impacto cultural**: La empresa comprendió el potencial de los videojuegos como parte integral de la cultura popular y su capacidad para conectar con una amplia audiencia.

4. **Diversificación de productos**: La diversificación de su línea de productos mostró la relevancia de expandir la oferta más allá de las máquinas arcade hacia consolas domésticas.

5. **Comercialización efectiva**: Atari destacó por sus estrategias de marketing innovadoras, creando expectación y demanda en torno a sus productos.

"E.T. the Extra-Terrestrial"

BABY EINSTEIN

*"The Walt Disney Company compró
Baby Einstein en 2001"*

Baby Einstein, fundada por Julie Aigner-Clark en la década de 1990, revolucionó el enfoque del entretenimiento educativo para bebés y niños pequeños. Julie, una exmaestra y madre, tuvo la visión de crear contenido visualmente estimulante y enriquecedor para los más pequeños, inspirándose en su deseo de proporcionar experiencias educativas desde una edad temprana.

Los videos de Baby Einstein ofrecían una combinación de colores brillantes, música clásica, formas y movimientos suaves, destinados a estimular el desarrollo cognitivo y sensorial de los bebés. Estos vídeos se convirtieron en un fenómeno cultural, ganando popularidad entre los padres que buscaban formas educativas y entretenidas para involucrar a sus hijos desde muy temprano.

La marca se expandió rápidamente, ofreciendo libros, juguetes y otros productos diseñados para el aprendizaje temprano.

En 2001, Baby Einstein fue adquirida por The Walt Disney Company, convirtiéndose en parte de su cartera de marcas enfocadas en la educación y el entretenimiento para niños. A pesar de las controversias, Baby Einstein sigue siendo reconocida como una de las pioneras en la creación de contenido multimedia para la estimulación temprana de los bebés, dejando una marca duradera en el mundo del entretenimiento educativo para niños pequeños.

Aprendizajes

1. **Estimulación temprana**: Destacó la importancia de la estimulación sensorial y cognitiva desde una edad temprana para el desarrollo infantil.

2. **Contenido educativo multimedia**: Mostró la demanda de contenido multimedia educativo para bebés, subrayando la importancia de experiencias visuales y auditivas enriquecedoras.

3. **Interacción familiar**: Fomentó la interacción entre padres e hijos mediante contenido compartido, promoviendo momentos de aprendizaje y entretenimiento significativos en familia.

4. **Debate sobre el tiempo de pantalla**: Generó conciencia sobre los efectos del tiempo de pantalla en bebés, abriendo debates sobre sus impactos positivos y negativos en el desarrollo infantil.

5. **Crecimiento de la industria del entretenimiento educativo**: Su éxito impulsó el crecimiento de una industria enfocada en ofrecer entretenimiento educativo interactivo para niños pequeños.

"On Discovery Begins"

BELL TELEPHONE COMPANY

*"El 68% de la Población Mundial
tiene un teléfono móvil"*

La Bell Telephone Company, fundada por Alexander Graham Bell en 1877, marcó el inicio de una nueva era en las comunicaciones. Esta compañía, pionera en la industria de las telecomunicaciones, representó un hito trascendental en el desarrollo del teléfono, llevando la innovación a la forma en que el mundo se comunicaba.

Concebida inicialmente para gestionar y expandir la tecnología del teléfono, Bell Telephone Company se convirtió rápidamente en un actor clave en la evolución de las telecomunicaciones. Su enfoque en la calidad y mejora de la red telefónica sentó las bases para la conectividad a larga distancia y la estandarización de servicios telefónicos.

La compañía fue instrumental en la implementación de infraestructuras telefónicas a gran escala, facilitando la comunicación a través de una red cada vez más amplia. La expansión de sus servicios aceleró la interconexión entre personas y negocios, contribuyendo al crecimiento económico y social.

Con el tiempo, Bell Telephone Company evolucionó y se transformó en una parte esencial de la historia de las telecomunicaciones, allanando el camino para el desarrollo de

AT&T y estableciendo un legado duradero en la conectividad global.

Aprendizajes

1. **Innovación Permanente**: Estar a la vanguardia de la tecnología permitió su crecimiento y evolución constante.

2. **Visión a Largo Plazo**: Alexander Graham Bell y su equipo tenían una visión ambiciosa y a largo plazo para su invención.

3. **Infraestructura Fundamental**: La creación de una red telefónica confiable fue fundamental para la interconexión y la comunicación a larga distancia.

4. **Impacto Sociocultural**: Bell Telephone Company influyó en el desarrollo social y económico al permitir una comunicación más eficiente entre personas y negocios.

5. **Legado Duradero**: El legado de Bell Telephone Company sirve como inspiración para futuros innovadores. Su capacidad para cambiar el mundo con una idea innovadora resalta la importancia de la perseverancia y la visión audaz.

6. **Evolución Empresarial**: La capacidad de adaptación y evolución constante permitió que la empresa se mantuviera relevante a lo largo del tiempo, pasando por diferentes transformaciones y fusiones, y sentando las bases para el futuro de las telecomunicaciones.

"Reach out and touch someone"

BERETTA

"En 2026 cumplirá 500 años desde su fundación"

La historia de Beretta se remonta a 1526 en la ciudad de Gardone Val Trompia, en la región de Lombardía, Italia. La compañía fue fundada por Bartolomeo Beretta, quien estableció un taller de armería que se especializaba en la fabricación de cañones de mosquete. En sus primeros años, la empresa se centró en la producción de armas de fuego para las fuerzas armadas italianas.

A lo largo de los siglos, Beretta ha pasado de generación en generación dentro de la familia Beretta, convirtiéndose en la empresa de armas de fuego más antigua del mundo que aún está en funcionamiento y es propiedad de la misma familia. Durante su larga historia, Beretta ha sido conocida por su calidad artesanal y por ser un líder en innovación en el diseño de armas de fuego.

En el siglo XX, Beretta se diversificó y expandió su línea de productos para incluir pistolas, escopetas y rifles para uso civil y deportivo, además de mantener su compromiso con la fabricación de armas militares. La empresa también ha suministrado armas a diversas fuerzas armadas y fuerzas de aplicación de la ley en todo el mundo.

Beretta ha pasado por varias etapas históricas, desde su fundación en el Renacimiento hasta convertirse en una marca global en la era contemporánea. La combinación de tradición, calidad y adaptación a las necesidades cambiantes del mercado ha contribuido a la longevidad y éxito continuo de Beretta en la industria de las armas de fuego.

Aprendizajes

1. **Resiliencia a lo largo del tiempo**: La capacidad de la empresa para resistir y prosperar a través de los siglos destaca la importancia de la adaptación y la resiliencia en un mercado cambiante.

2. **Compromiso con la calidad**: La reputación de Beretta se ha basado en la calidad de sus productos, resaltando la importancia de mantener altos estándares en la fabricación y el diseño de armas de fuego.

3. **Innovación constante**: Beretta ha demostrado la importancia de la innovación continua en la industria, adaptándose a las necesidades cambiantes de sus clientes y liderando en diseño y tecnología.

4. **Relevancia global**: El alcance internacional de Beretta muestra cómo una empresa puede mantener su relevancia a nivel global manteniendo la calidad y adaptándose a diferentes mercados y regulaciones.

5. **Preservación de la tradición**: A pesar de su larga historia, Beretta ha logrado equilibrar la innovación con la preservación de su legado y tradición, transmitiendo conocimientos a través de generaciones.

"Beretta 418: Bond, James Bond"

BIRDS EYE FOODS

"Más de 100 años de Historia"

Clarence Birdseye fue un visionario que revolucionó la industria alimentaria con su innovadora técnica de congelación rápida. En la década de 1920, Birdseye patentó un método para congelar alimentos de manera rápida y preservar su frescura. Inspirado por los métodos de conservación de los inuit, logró congelar alimentos manteniendo su calidad.

En 1924, fundó la General Seafood Corporation, que más tarde se transformó en Birds Eye Foods. La empresa se centró en la congelación rápida de alimentos, comenzando con pescado y expandiéndose a vegetales y otros productos. La marca Birds Eye se convirtió en sinónimo de alimentos congelados de calidad, atrayendo a consumidores con su conveniencia y frescura.

A lo largo de los años, Birds Eye Foods experimentó fusiones y adquisiciones, pasando por diferentes administraciones. La marca continuó evolucionando y diversificando su línea de productos, ampliando su alcance a nivel global y manteniendo su reputación como líder en alimentos congelados.

Hoy en día, Birds Eye Foods sigue siendo una marca reconocida que ofrece una amplia gama de alimentos congelados.

Aprendizajes

1. **Innovación Transformadora**: Clarence Birdseye demostró

cómo la innovación puede transformar una industria entera al desarrollar un método revolucionario de congelación rápida de alimentos.

2. **Impacto de la Calidad**: La marca Birds Eye se convirtió en un referente de calidad en alimentos congelados, subrayando la importancia de la calidad en la construcción de una marca duradera.

3. **Diversificación Estratégica**: La expansión de su línea de productos mostró la importancia de la diversificación estratégica para mantenerse relevante y atraer a una base de consumidores más amplia.

4. **Evolución Continua**: A través de fusiones y adquisiciones, Birds Eye Foods demostró la necesidad de adaptarse y evolucionar con los cambios del mercado y las tendencias de consumo.

5. **Legado Duradero**: El legado de Clarence Birdseye sigue vivo en la marca, recordándonos cómo la perseverancia, la innovación y la calidad pueden influir en la manera en que se producen y consumen los alimentos en todo el mundo.

"La frescura y la calidad congelada se unen para transformar tu experiencia culinaria diaria."

BOULTON & WATT

"Papel fundamental en la Revolución Industrial"

L a historia de la empresa de James Watt se centra en su invención y perfeccionamiento de la máquina de vapor, un hito crucial en la Revolución Industrial. Watt, un ingeniero escocés, mejoró significativamente la máquina de vapor de Thomas Newcomen en la década de 1760. Tras patentar su versión mejorada, fundó una empresa con Matthew Boulton en 1775, estableciendo su fábrica en Soho, Birmingham.

La compañía, conocida como "Boulton & Watt", se dedicó a fabricar y vender máquinas de vapor mejoradas, que tuvieron un impacto transformador en la industria textil, la minería y otros sectores. Sus máquinas fueron vitales para impulsar la mecanización y la producción en masa durante la Revolución Industrial.

La empresa de Watt y Boulton no solo se enfocó en la fabricación de máquinas de vapor, sino que también se destacó por su enfoque innovador en la gestión empresarial, introduciendo modelos de alquiler de máquinas en lugar de solo venderlas, lo que les brindó un éxito comercial significativo.

Aprendizajes

1. **Innovación disruptiva**: Watt no solo mejoró una tecnología existente, sino que transformó la máquina de vapor en una herramienta fundamental para la Revolución Industrial. Esto resalta la importancia de la innovación disruptiva en la evolución industrial.

2. **Colaboración estratégica**: La asociación entre Watt y Matthew Boulton fue fundamental para el éxito de la empresa. Destaca la importancia de las alianzas estratégicas y colaboraciones en el mundo empresarial.

3. **Modelos de negocio innovadores**: La adopción de modelos de alquiler de máquinas, en lugar de simplemente venderlas, fue una estrategia comercial innovadora que amplió el alcance de su mercado. Esto muestra cómo los modelos de negocio pueden ser tan disruptivos como los productos en sí.

4. **Impacto a largo plazo**: La contribución de Watt y su empresa a la Revolución Industrial tuvo un impacto duradero en la sociedad, la economía y la tecnología. Destaca cómo una innovación puede cambiar radicalmente el curso de la historia.

5. **Enfoque en la calidad**: La reputación de Boulton & Watt por fabricar máquinas de alta calidad contribuyó a su éxito. Esto subraya la importancia de la calidad y la fiabilidad en la construcción de una marca fuerte y duradera.

"La Locomotora de Watt alcanzaba los 15 km/h. El tren Maglev en Japón y China supera los 600 km/h"

CHANEL

"Chanel Nº5: 100 años, la fragancia más vendida de la historia y la única expuesta en un museo de arte"

C hanel fue fundada por Gabrielle "Coco" Chanel en 1910 en París, Francia. Chanel comenzó como una sombrerería y pronto se destacó por sus diseños revolucionarios que desafiaban las convenciones de la moda de la época. En la década de 1920, Chanel lanzó su primer perfume icónico, el famoso Chanel No. 5, y revolucionó la moda femenina al introducir prendas cómodas y elegantes, como el "Little Black Dress" y trajes de tweed.

Tras la muerte de Coco Chanel en 1971, la casa de moda continuó bajo diferentes directores creativos, incluyendo a Karl Lagerfeld, quien modernizó la marca mientras mantuvo su estética clásica.

La marca ha seguido siendo una fuerza influyente en la industria de la moda, manteniendo su estatus como una de las marcas más prestigiosas y codiciadas en el mundo de la alta costura y el lujo. La historia de Chanel refleja la visión innovadora de su fundadora y su capacidad para establecer estándares duraderos en la moda femenina.

Aprendizajes

1. **Innovación y ruptura de convenciones**: Coco Chanel desafió las normas de la moda de su época, introduciendo diseños que combinaban comodidad y elegancia, lo que llevó a la revolución de la moda femenina.

2. **Creación de íconos de moda atemporales**: Chanel creó piezas icónicas como el "Little Black Dress" y el uso del tweed, estableciendo estándares de elegancia atemporal que perduran hasta hoy.

3. **Identidad de marca distintiva**: El monograma "CC" y la estética refinada de Chanel se han convertido en símbolos reconocibles de lujo y sofisticación en la industria de la moda.

4. **Adaptación a lo largo del tiempo**: La marca ha mantenido su relevancia a lo largo de las décadas, adaptándose a las tendencias cambiantes y manteniendo su lugar en la cima de la moda de lujo.

5. **Importancia del liderazgo creativo**: Bajo directores creativos como Coco Chanel y Karl Lagerfeld, Chanel ha demostrado la importancia de tener una visión creativa sólida para mantener la excelencia y la innovación.

6. **Legado duradero**: El legado de Chanel sigue siendo una influencia importante en la moda, mostrando cómo una visión innovadora puede establecer estándares duraderos en la industria.

"Solo unas gotas de Chanel No. 5"

CHUPA CHUPS

"Dalí diseñó el logo en menos de 1 hora"

L a historia del Chupa Chups se remonta a 1958, cuando Enric Bernat, un empresario español, decidió crear un caramelo más práctico y limpio para los niños. Bernat notó que los caramelos de la época solían ensuciarse o romperse fácilmente, así que ideó un caramelo redondo en un palito que facilitara su consumo y mantuviera las manos limpias.

El diseño del Chupa Chups, con el caramelo en un extremo de un palo de madera, fue una innovación que revolucionó la forma en que se consumían los caramelos. Además, Bernat introdujo un envoltorio que impedía que el caramelo se pegara, lo que mejoró la experiencia de consumo.

Para promocionar su nuevo producto, Bernat creó un logotipo distintivo y colorido para los Chupa Chups, convirtiéndolos en un caramelo atractivo y reconocible. La exitosa estrategia publicitaria ayudó a posicionarlos rápidamente en el mercado.

La empresa Chupa Chups S.A. se fundó en España, y su caramelo se expandió rápidamente por Europa y luego a nivel mundial. A lo largo de los años, la compañía diversificó su línea de productos y continuó innovando en sabores, empaques y estrategias de marketing.

En 2006, la empresa fue adquirida por Perfetti Van Melle, una empresa multinacional de confitería, pero la marca Chupa Chups sigue siendo una de las marcas de caramelos más conocidas y queridas en todo el mundo, manteniendo su diseño distintivo y su legado como uno de los caramelos más icónicos.

Aprendizajes

1. **Innovación disruptiva**: Enric Bernat desafió las convenciones al crear un caramelo con un diseño innovador, demostrando cómo la innovación puede transformar un mercado.

2. **Enfoque en la experiencia del cliente**: El diseño del Chupa Chups ofrecía una experiencia limpia y conveniente para los consumidores, resaltando la importancia de considerar la experiencia del usuario.

3. **Branding efectivo**: La creación de un logotipo distintivo y una estrategia de marca sólida fueron fundamentales para posicionar y diferenciar el producto.

4. **Expansión global**: El éxito de Chupa Chups se basó en su capacidad para expandirse rápidamente más allá de las fronteras, destacando la importancia de la internacionalización para el crecimiento empresarial.

"Chupa Chups Kojak con sabor a cereza"

CIRQUE DU SOLEIL

"14 Millones de Espectadores"

El Cirque du Soleil nació en 1984 en Quebec, Canadá, fundado por Guy Laliberté y Gilles Ste-Croix. Comenzó como un grupo de artistas callejeros y malabaristas que actuaban en festivales locales en Canadá. Laliberté, un malabarista callejero, reunió a un grupo de artistas callejeros y músicos con el objetivo de crear un espectáculo diferente a cualquier otro.

A medida que evolucionaron y perfeccionaron su arte, el Cirque du Soleil se convirtió en una mezcla única de teatro, circo y espectáculo visual.

Lo que distingue al Cirque du Soleil es su enfoque en producciones artísticas innovadoras que combinan música en vivo, actuaciones acrobáticas, vestuario elaborado y escenografía impresionante, todo dentro de una narrativa teatral.

La compañía revolucionó el mundo del entretenimiento circense, alejándose del circo tradicional con animales hacia producciones más creativas, narrativas y orientadas al arte circense contemporáneo. Su éxito les ha llevado a ser reconocidos internacionalmente y a presentar espectáculos en todo el mundo.

Aprendizajes

1. **Innovación artística**: Su enfoque creativo en la combinación de diversas disciplinas artísticas ha establecido nuevos estándares en el mundo del entretenimiento, mostrando cómo la innovación puede transformar una industria tradicional.

2. **Narrativa sin animales**: La compañía demostró que es posible crear espectáculos circenses exitosos sin depender de la presencia de animales, mostrando una alternativa ética y creativa en el entretenimiento.

3. **Diversificación de audiencia**: El Cirque du Soleil ha atraído a un público diverso al ofrecer espectáculos que apelan a una amplia gama de gustos y preferencias, mostrando cómo la versatilidad y la adaptabilidad pueden captar la atención de diferentes segmentos de audiencia.

4. **Globalización del entretenimiento**: Su capacidad para expandirse internacionalmente ha marcado pauta en la globalización del entretenimiento en vivo, evidenciando cómo el arte y la cultura pueden trascender las fronteras.

5. **Inversión en calidad**: La constante búsqueda de calidad en sus producciones ha demostrado que la excelencia artística es fundamental para mantenerse relevante y atraer a una audiencia exigente y diversa.

"Alegría"

CLUBHOUSE

"6 Millones de Usuarios"

C lubhouse, fundada por Paul Davison y Rohan Seth, fue lanzada en abril de 2020. La plataforma se basa en salas de chat de audio en tiempo real, donde los usuarios pueden unirse, participar o simplemente escuchar discusiones sobre una variedad de temas. Inicialmente, la aplicación estaba disponible solo para dispositivos iOS y su acceso era exclusivo mediante invitación.

La idea de Clubhouse surgió de la búsqueda de una forma más interactiva y auténtica de comunicación en línea, alejándose del texto y el video para centrarse en las conversaciones de audio. A medida que ganó popularidad, atrajo a usuarios influyentes, celebridades y empresarios, convirtiéndose en un espacio para debates, networking y aprendizaje.

La plataforma ha sido el escenario de discusiones sobre una amplia gama de temas, desde tecnología y negocios hasta arte, música y política. Su exclusividad inicial y el enfoque en el audio en tiempo real generaron un gran interés, atrayendo inversiones y llevando a otras plataformas a desarrollar sus propias funciones similares.

Aprendizajes

1. **Innovación en la comunicación digital**: Clubhouse introdujo un enfoque novedoso en las redes sociales al centrarse en las conversaciones de audio en tiempo real, demostrando que hay espacio para la innovación en la forma en que nos comunicamos

en línea.

2. **Exclusividad y acceso limitado**: La estrategia de acceso mediante invitación inicial ayudó a crear un sentido de exclusividad y generó un gran interés en la plataforma, mostrando cómo la escasez puede ser un impulsor poderoso para la adopción temprana.

3. **Atracción de usuarios influyentes**: La presencia de figuras influyentes y celebridades ayudó a impulsar el crecimiento inicial de Clubhouse, resaltando el impacto de las personalidades destacadas en el éxito de las plataformas sociales emergentes.

4. **Desafíos de moderación y privacidad**: La plataforma ha enfrentado desafíos en términos de moderación de contenido y protección de la privacidad, destacando la importancia de abordar estas cuestiones en el desarrollo de redes sociales.

5. **Adaptación y evolución**: La rápida popularidad de Clubhouse impulsó a otras plataformas a desarrollar funciones similares de audio en tiempo real, mostrando cómo la competencia puede fomentar la innovación y la evolución en el mundo de las redes sociales.

"Friends over followers"

COCA COLA

"2023: 1.900 Millones bebidas cada día"

Coca-Cola fue creada en 1886 por John S. Pemberton, un farmacéutico de Atlanta, Georgia, como un jarabe medicinal. Pemberton combinó extractos de hojas de coca y semillas de nuez de cola con agua carbonatada, creando una bebida que inicialmente se comercializó como un tónico para los nervios y el dolor de cabeza.

Pemberton vendió su fórmula y negocio a Asa Griggs Candler en 1887, quien vio el potencial comercial de la bebida y comenzó a expandir su distribución. Candler fue crucial en la estrategia de marketing y distribución de Coca-Cola, extendiéndola por todo Estados Unidos y luego internacionalmente.

El enfoque en la publicidad agresiva, junto con la distribución masiva, llevó a Coca-Cola a convertirse en una de las marcas más reconocidas y exitosas del mundo. A lo largo de los años, la compañía ha innovado en su fórmula y diversificado su línea de productos, manteniendo su posición como líder en la industria de bebidas gaseosas. La marca se ha convertido en un símbolo cultural global, presente en casi todos los rincones del planeta.

Aprendizajes

1. **Innovación Casual**: La Coca-Cola surgió como un jarabe medicinal, demostrando que las ideas innovadoras pueden surgir de contextos inesperados.

2. **Visión Empresarial**: El reconocimiento del potencial

comercial por parte de Asa Candler y su enfoque en la distribución y marketing fueron cruciales para el éxito de Coca-Cola.

3. **Marketing Efectivo**: La publicidad agresiva y la creación de una marca fuerte contribuyeron enormemente al éxito de Coca-Cola, demostrando el poder del marketing en la construcción de marcas globales.

4. **Adaptabilidad**: A lo largo de los años, Coca-Cola ha adaptado su estrategia para mantener su posición como líder en la industria de bebidas, innovando en productos y diversificando su línea para satisfacer las demandas cambiantes de los consumidores.

5. **Impacto Cultural**: Coca-Cola se ha convertido en un símbolo cultural global, mostrando cómo una marca puede trascender fronteras y unir a personas de diferentes culturas en torno a un producto.

"I'd Like to Buy the World a Coke"

COINBASE

"Negociando 238 Criptomonedas"

Coinbase, fundada en 2012 por Brian Armstrong y Fred Ehrsam en San Francisco, es una de las plataformas de intercambio de criptomonedas más grandes y conocidas del mundo. Surgió en un momento en que el interés en las criptomonedas, especialmente en Bitcoin, estaba en aumento. La plataforma inicialmente ofrecía servicios para comprar, vender y almacenar Bitcoin, pero luego se expandió para incluir otras criptomonedas.

La visión de Armstrong y Ehrsam era hacer que el acceso y la inversión en criptomonedas fueran más accesibles para el público en general. A lo largo de los años, Coinbase ha desarrollado varias herramientas y servicios para simplificar el comercio de criptomonedas, atrayendo a inversores novatos y experimentados.

En 2021, la empresa dio un paso histórico al cotizar públicamente en la Bolsa de Valores de Nasdaq, convirtiéndose en uno de los primeros intercambios de criptomonedas en hacerlo.

Coinbase ha seguido creciendo y diversificando sus servicios, adaptándose a las cambiantes regulaciones y a la evolución del mercado de las criptomonedas, manteniéndose como una plataforma líder en el ecosistema criptográfico.

Aprendizajes

1. **Adaptabilidad a la demanda del mercado**: La capacidad

de Coinbase para evolucionar y diversificar sus servicios en el ecosistema de las criptomonedas destaca la importancia de adaptarse rápidamente a las demandas y necesidades cambiantes del mercado.

2. **Enfoque en la seguridad y confianza del usuario**: La priorización de la seguridad y la confiabilidad en un mercado volátil y emergente como las criptomonedas ha sido fundamental para atraer y retener a los usuarios.

3. **Innovación y accesibilidad**: Coinbase se ha destacado al simplificar el proceso de inversión en criptomonedas, haciendo que esta tecnología sea más accesible para una amplia gama de personas, lo que demuestra cómo la innovación puede abrir mercados.

4. **Legitimidad y regulación**: Su paso a la cotización pública en la Bolsa de Valores de Nasdaq muestra el reconocimiento creciente y la aceptación de las criptomonedas en el panorama financiero tradicional.

5. **Resiliencia y adaptación al cambio**: En un mercado con regulaciones cambiantes y volatilidad, Coinbase ha demostrado resiliencia, adaptándose a los desafíos y regulaciones en evolución para mantener su posición como una de las plataformas líderes en criptomonedas.

"Mayor Plataforma más segura y de mayor confianza del mundo para comprar, vender y administrar criptomonedas."

DANONE

"El Mayor Vendedor Mundial de Yogures"

Danone nace en 1919 en Barcelona (España), cuando Isaac Carasso, un joven empresario, fundó la empresa originalmente llamada "Danone" en honor a su hijo Daniel, apodado "Danon".

Carasso comenzó la producción de yogur con cultivos vivos, inspirado por la investigación del científico ruso Elie Metchnikoff sobre los beneficios del consumo de bacterias probióticas para la salud intestinal. Inicialmente, la empresa ofrecía yogures de manera local, destacando por sus propiedades nutritivas y su enfoque en la salud.

El concepto revolucionario de Carasso pronto ganó popularidad y, en la década de 1920, expandió su negocio fuera de España hacia Francia. En 1929, la empresa adoptó el nombre "Danone", y su éxito continuó creciendo gracias a la calidad de sus productos y su compromiso con la salud y el bienestar.

La visión inicial de Carasso, centrada en la salud y la nutrición, ha perdurado a lo largo de los años, convirtiendo a Danone en una marca reconocida mundialmente por su compromiso con la calidad, la innovación y la promoción de hábitos alimenticios saludables.

Aprendizajes

1. **Innovación Visionaria**: La visión de Isaac Carasso al

introducir yogures con cultivos vivos fue un ejemplo de anticipación al reconocer los beneficios probióticos para la salud.

2. **Enfoque en Salud**: Desde sus inicios, Danone se destacó por su énfasis en la salud y la nutrición, promoviendo alimentos probióticos y saludables.

3. **Expansión Estratégica**: La expansión internacional y adquisiciones estratégicas permitieron a Danone crecer globalmente y consolidarse como una marca reconocida.

4. **Diversificación de Productos**: La capacidad de diversificar su oferta más allá de los yogures hacia productos lácteos y alimentos saludables amplió su base de consumidores.

5. **Compromiso Continuo**: Danone ha mantenido su posición a través de un compromiso constante con la calidad, la innovación y la promoción de hábitos alimenticios saludables en un mercado altamente competitivo.

"Actimel: Una vida, una defensa"

DJI

70% del mercado mundial de drones "civiles"

DJI, fundada en 2006 por Frank Wang, apasionado por los drones, estableció la compañía con el objetivo de crear sistemas de estabilización para cámaras aéreas. En 2010, DJI lanzó su primer producto, el "Phantom", un dron de consumo que revolucionó el mercado por su facilidad de uso y su cámara integrada. Esto marcó el comienzo de su ascenso en la industria.

La empresa rápidamente se destacó por su enfoque en la innovación tecnológica, desarrollando drones equipados con GPS, sistemas de navegación avanzados y estabilización gimbal para cámaras. DJI se convirtió en un líder mundial en drones de consumo y profesionales.

En 2015, DJI abrió su primera tienda insignia en Shenzhen, China, y comenzó a diversificar su oferta con accesorios, sistemas de grabación y software de edición. Su compromiso con la calidad, la seguridad y la mejora continua de sus productos les llevó a establecer estándares en la industria.

Con el tiempo, DJI se expandió globalmente, estableciendo oficinas en todo el mundo y consolidándose como una marca líder en tecnología de drones. A pesar de enfrentar desafíos regulatorios y competencia creciente, la empresa se mantuvo a la vanguardia, ofreciendo drones cada vez más avanzados, adaptándose a nuevas necesidades de mercado y diversificando sus aplicaciones a sectores como la agricultura, la seguridad y la cinematografía.

Aprendizajes

1. **Innovación disruptiva**: DJI demostró cómo una idea innovadora, como la estabilización de cámaras aéreas, puede transformar una industria entera.

2. **Adaptación al mercado**: DJI supo adaptarse rápidamente a las demandas del mercado, diversificando su línea de productos y expandiendo sus aplicaciones a diversos sectores.

3. **Internacionalización estratégica**: La expansión global de DJI, estableciendo presencia en múltiples países, demostró cómo una estrategia de internacionalización puede impulsar el crecimiento de una empresa.

4. **Regulaciones y desafíos**: DJI enfrentó desafíos regulatorios en diferentes países, lo que subraya la importancia de navegar y adaptarse a entornos legales cambiantes.

5. **Diversificación como clave del éxito**: La diversificación de su oferta más allá de los drones, con accesorios y software, ha fortalecido su posición en el mercado y su relación con los clientes.

"El rey de los Cielos"

DROPBOX

"500 Millones de Usuarios"

Dropbox nació en 2007 cuando Drew Houston, cofundador de la compañía, tuvo la idea durante un viaje en autobús cuando intentaba recordar un archivo que necesitaba pero lo había dejado en su computadora. Esta frustración lo llevó a idear un servicio de almacenamiento en la nube que permitiera acceder y compartir archivos de manera sencilla y desde cualquier lugar.

Junto con su cofundador Arash Ferdowsi, Houston comenzó a desarrollar Dropbox, una plataforma que permitía a los usuarios almacenar y sincronizar archivos en línea, accesibles desde múltiples dispositivos. La simplicidad de arrastrar y soltar archivos en una carpeta específica y luego tenerlos disponibles en la nube revolucionó la forma en que la gente gestionaba sus documentos.

El lanzamiento público de Dropbox en 2008 atrajo rápidamente a usuarios debido a su funcionalidad intuitiva y conveniente. La empresa continuó innovando, agregando funciones colaborativas y de sincronización, convirtiéndose en uno de los líderes en el mercado de almacenamiento en la nube y demostrando cómo una idea simple puede transformarse en una herramienta indispensable en la vida diaria y en el entorno empresarial.

Aprendizajes

1. **Sencillez y Utilidad**: La simplicidad en el almacenamiento

y sincronización de archivos, sin complicaciones técnicas, fue clave para su éxito. Mostró que la utilidad práctica puede ser tan importante como la complejidad técnica.

2. **Adaptación a las Necesidades del Usuario**: Dropbox respondió a una necesidad común: acceder a archivos desde cualquier lugar. Su enfoque en la accesibilidad y la facilidad de uso fue fundamental para su aceptación.

3. **Innovación Continua**: La evolución constante de la plataforma agregando funciones colaborativas y de sincronización mostró la importancia de mantenerse al día con las demandas del mercado.

4. **Confianza y Seguridad**: La seguridad y la protección de datos fueron prioridades, demostrando la importancia de generar confianza entre los usuarios para adoptar un servicio en la nube.

5. **Impacto de la Experiencia del Usuario**: Dropbox enfocó sus esfuerzos en brindar una experiencia positiva y sin complicaciones a los usuarios, lo que contribuyó significativamente a su crecimiento y adopción generalizada.

"Guarda tus ideas, donde sea que estés"

DUOLINGO

"40 Millones de Usuarios Activos al Mes"

Duolingo, una plataforma de aprendizaje de idiomas en línea, fue fundada en 2011 por Luis von Ahn y Severin Hacker. Su objetivo era proporcionar una manera gratuita y accesible para que las personas aprendieran idiomas de manera efectiva y entretenida. La plataforma se lanzó oficialmente en 2012 y rápidamente ganó popularidad debido a su enfoque innovador y gamificado para el aprendizaje de idiomas.

Utilizando métodos interactivos y lúdicos, Duolingo emplea lecciones cortas, ejercicios prácticos y pruebas de habilidades para ayudar a los usuarios a aprender idiomas como inglés, español, francés, entre otros. Su modelo de negocio se basa en la publicidad y en ofrecer versiones premium sin anuncios.

A lo largo de los años, Duolingo ha crecido exponencialmente, acumulando millones de usuarios en todo el mundo y ampliando su catálogo de idiomas. Además, ha introducido certificaciones de idiomas reconocidas internacionalmente y ha expandido sus servicios a instituciones educativas y corporaciones.

Su enfoque innovador, su accesibilidad gratuita y su capacidad para mantener a los usuarios comprometidos han contribuido a su éxito continuo, convirtiéndolo en una de las aplicaciones líderes en el aprendizaje de idiomas a nivel mundial.

Aprendizajes

1. **Accesibilidad educativa**: Duolingo ha demostrado cómo la tecnología puede democratizar el acceso a la educación, ofreciendo lecciones de idiomas gratuitas y accesibles para millones de personas en todo el mundo.

2. **Enfoque gamificado**: Su método de aprendizaje interactivo y gamificado ha mostrado cómo el diseño lúdico puede mantener a los usuarios comprometidos y motivados en su proceso de aprendizaje.

3. **Modelo de negocio innovador**: La combinación de una versión gratuita con publicidad y una versión premium sin anuncios ha sido exitosa, ilustrando cómo generar ingresos sin sacrificar el acceso gratuito para los usuarios.

5. **Certificaciones reconocidas**: La introducción de certificaciones de idiomas ha agregado credibilidad y valor a la plataforma, demostrando su relevancia en el ámbito educativo y laboral.

6. **Impacto global**: Su alcance a nivel mundial refleja cómo una plataforma digital puede llegar a millones, abriendo oportunidades de aprendizaje a comunidades de todo el mundo.

"Quitter Day"

EDISON GENERAL ELECTRIC COMPANY

"Adolphe A Chaillet, uno de los rivales de Edison fabricó una bombilla que lleva encendida 117 años "

La Edison General Electric Company fue fundada en 1889, siendo uno de los primeros esfuerzos comerciales de Thomas Edison para consolidar sus trabajos pioneros en electricidad.

La empresa se enfocó en el desarrollo y la implementación de sistemas de iluminación eléctrica en una época en la que la iluminación a gas aún era predominante. En 1892, Edison fusionó esta compañía con la Thomson-Houston Electric Company, formando la General Electric Company (GE).

La Edison General Electric Company destacó por sus avances en el desarrollo de sistemas eléctricos y lámparas incandescentes, y fue una de las primeras en producir una red eléctrica de corriente continua. Esta fusión estratégica, bajo la dirección de Edison y otros visionarios, permitió a GE convertirse en una empresa líder en innovación y tecnología, sentando las bases para contribuciones significativas en la industria eléctrica y tecnológica a lo largo del siglo XX.

La integración de las tecnologías de Edison y Thomson-Houston fue fundamental para los avances posteriores en la industria eléctrica y la expansión global de General Electric.

Aprendizajes

1. **Innovación constante**: Promovió una mentalidad innovadora al explorar y desarrollar nuevas tecnologías eléctricas, como la iluminación incandescente, fomentando la evolución tecnológica.

2. **Colaboración estratégica**: La fusión entre Edison General Electric y Thomson-Houston Electric enfatizó la importancia de las alianzas estratégicas para consolidar liderazgo en la industria.

3. **Visión global**: La combinación de conocimientos y tecnologías permitió a la empresa expandirse a nivel internacional, marcando un hito en la globalización de la industria eléctrica.

4. **Diversificación de productos**: La empresa diversificó su cartera de productos, destacando no solo en sistemas de iluminación, sino también en infraestructuras eléctricas, sentando las bases para una oferta más amplia.

5. **Impacto duradero**: La fusión y la evolución hacia General Electric dejaron un legado duradero en la industria, con contribuciones significativas en electricidad, tecnología y energía a lo largo del siglo XX.

"We Bring Good Things to Life"

EPIC GAMES

"Fornite: 220 millones de jugadores activos al mes"

La historia de Epic Games se remonta a su fundación en 1991 por Tim Sweeney, un programador apasionado por los videojuegos. La compañía comenzó como Potomac Computer Systems, centrándose en la creación de videojuegos para PC. En 1998, lanzaron "Unreal", un juego que marcó un hito en gráficos y jugabilidad en primera persona.

El éxito de "Unreal" llevó a la formación de Epic Games, consolidándose como una empresa líder en la industria de los videojuegos. En 2006, lanzaron "Gears of War", una franquicia icónica que estableció a Epic como un estudio de renombre.

En 2011, Epic dio un paso audaz al lanzar "Fortnite", un juego que inicialmente se centraba en la construcción y la supervivencia, pero que luego evolucionó con el modo "Battle Royale", convirtiéndose en un fenómeno cultural global.

Aprendizajes

1. **Innovación continua**: Desde sus inicios, Epic ha demostrado una búsqueda constante de innovación, tanto en la creación de juegos como en el desarrollo de herramientas tecnológicas como Unreal Engine, destacando la importancia de la constante evolución.

2. **Adaptación al mercado**: La capacidad de Epic para adaptarse

a las demandas cambiantes del mercado, como se vio en la evolución de "Fortnite", resalta la importancia de la flexibilidad y la capacidad de respuesta a las tendencias emergentes.

3. **Desarrollo de plataformas**: El éxito de Epic Games Store muestra cómo la creación de plataformas digitales puede desafiar el status quo, ofreciendo modelos más atractivos para los desarrolladores y los usuarios.

4. **Enfoque en herramientas para desarrolladores**: Unreal Engine se ha convertido en una herramienta fundamental para la industria, evidenciando la importancia de proporcionar herramientas poderosas y accesibles para la comunidad de desarrolladores.

5. **Inversión en diversificación**: La incursión en áreas más allá de los videojuegos, como la industria cinematográfica y de arquitectura, muestra cómo la diversificación puede ampliar el alcance y la influencia de una empresa.

6. **Impacto cultural y social**: La trascendencia de "Fortnite" como fenómeno cultural global destaca el poder de los videojuegos para influir en la cultura y la sociedad contemporánea.

"Astronomical: Travis Scott"

EXPEDIA

"2022: Facturación de 7.700 millones de dólares"

Expedia surgió como un proyecto interno de Microsoft en 1996, liderado por Rich Barton, como un intento de llevar la industria de los viajes al mundo digital. En 1999, Expedia se convirtió en una empresa independiente a través de una oferta pública inicial (IPO). La plataforma permitía a los usuarios reservar vuelos, hoteles, alquiler de autos y paquetes de viaje en línea.

Bajo el liderazgo de Barton, Expedia experimentó un crecimiento significativo y adquirió otras marcas de viajes, como Travelocity y Orbitz, expandiendo su presencia global. La empresa también se diversificó con la adquisición de empresas como HomeAway, una plataforma de alquiler de vacaciones.

El enfoque en la experiencia del usuario, la innovación tecnológica y la expansión estratégica ayudaron a Expedia a convertirse en uno de los líderes mundiales en la industria de viajes en línea. Sin embargo, en años recientes, la empresa ha enfrentado desafíos en un mercado competitivo y en evolución, lo que ha llevado a cambios en su estrategia y liderazgo para mantener su relevancia en la industria de los viajes en línea.

Aprendizajes

1. **Innovación tecnológica**: Expedia fue pionera en llevar la

industria de viajes al mundo digital, destacando la importancia de la tecnología para transformar sectores tradicionales.

2. **Experiencia del usuario**: El enfoque en la facilidad de uso y la experiencia del usuario fue fundamental para el éxito de Expedia, demostrando la importancia de priorizar las necesidades de los clientes.

3. **Crecimiento a través de adquisiciones**: La estrategia de adquisiciones estratégicas permitió a Expedia expandir su alcance global y diversificar su oferta de servicios de viaje.

4. **Adaptación al cambio**: En un mercado de viajes altamente competitivo y cambiante, Expedia aprendió la importancia de adaptarse rápidamente a nuevas tendencias y tecnologías emergentes para mantener su posición.

5. **Competencia y evolución del mercado**: La historia de Expedia también muestra cómo la competencia y la evolución constante del mercado pueden requerir ajustes y cambios en la estrategia empresarial para mantener la relevancia y el crecimiento.

"Viajar, conocer"

FACEBOOK

"2023: 2.960 Millones de Usuarios"

Facebook nació en 2004 en la Universidad de Harvard, cuando Mark Zuckerberg y sus compañeros de cuarto, Eduardo Saverin, Andrew McCollum, Dustin Moskovitz y Chris Hughes, lanzaron la red social inicialmente llamada "Thefacebook". La idea surgió como una plataforma para conectar a estudiantes universitarios en línea, permitiéndoles crear perfiles, compartir intereses y conectarse con sus compañeros.

El sitio se expandió rápidamente a otras universidades y, más adelante, se abrió al público en general. En 2006, se eliminó el "The" del nombre y se convirtió en "Facebook". La plataforma se centró en ofrecer una experiencia social interactiva y versátil, permitiendo a los usuarios compartir fotos, estados, mensajes y eventos.

La estrategia clave detrás de su crecimiento fue su adaptabilidad y capacidad para evolucionar, incorporando funciones como el News Feed, aplicaciones de terceros y la adquisición de Instagram y WhatsApp. Su crecimiento exponencial lo convirtió en la red social más grande del mundo, con un impacto significativo en la forma en que las personas se comunican, comparten información y se conectan en línea.

Aprendizajes

1. **Conexión Universitaria Inicial**: Facebook comenzó como una plataforma universitaria para conectar a estudiantes,

demostrando cómo una idea centrada en un nicho puede crecer y expandirse.

2. **Adaptabilidad y Evolución**: La capacidad de Facebook para adaptarse y evolucionar con el tiempo, incorporando nuevas funciones y adquiriendo plataformas como Instagram y WhatsApp, ha sido clave para su continua relevancia.

3. **Impacto en la Comunicación**: El éxito de Facebook ha demostrado el impacto significativo que las redes sociales pueden tener en la forma en que las personas se comunican y comparten información a nivel mundial.

4. **Crecimiento Exponencial**: La rápida expansión de Facebook a nivel global subraya la capacidad de las plataformas digitales para alcanzar una audiencia masiva en poco tiempo.

5. **Influencia en la Cultura Digital**: Facebook ha contribuido a dar forma a la cultura digital, estableciendo estándares para la interacción en línea y afectando la forma en que las personas se relacionan y consumen contenido digitalmente.

"Conecta con amigos y el mundo que te rodea"

FARFETCH

"3.500 marcas procedentes de 14.000 vendedores"

Farfetch es una plataforma de moda de lujo fundada en 2007 por José Neves, un empresario portugués con experiencia en la industria tecnológica y de la moda. Neves, apasionado por la moda y la tecnología, ideó Farfetch como un mercado en línea que conecta minoristas de moda de alta gama con clientes de todo el mundo.

La plataforma se lanzó oficialmente en 2008 y se ha expandido rápidamente, ofreciendo una amplia gama de productos de diseñadores y boutiques de lujo, brindando acceso global a marcas exclusivas.

La empresa ha implementado estrategias innovadoras, incluyendo una red de tiendas físicas conectadas digitalmente y servicios personalizados, como entregas rápidas y experiencias de compra únicas.

José Neves ha liderado la visión estratégica de Farfetch, convirtiéndola en una de las plataformas líderes en moda de lujo en línea, combinando tecnología avanzada, una amplia oferta de productos exclusivos y una experiencia de compra innovadora para clientes de todo el mundo.

Aprendizajes

1. **Convergencia de moda y tecnología**: Farfetch nació de la combinación de la pasión por la moda y el conocimiento tecnológico de su fundador, mostrando cómo la convergencia

de diferentes industrias puede dar lugar a innovaciones significativas.

2. **Globalización del lujo**: La plataforma ha demostrado cómo la tecnología puede democratizar el acceso a la moda de lujo, conectando consumidores de todo el mundo con diseñadores y boutiques exclusivas.

3. **Experiencia de compra personalizada**: Farfetch ha destacado la importancia de ofrecer experiencias de compra personalizadas y convenientes, utilizando tecnología para adaptarse a las preferencias individuales de los clientes.

4. **Expansión estratégica**: Su crecimiento se basó en adquisiciones y alianzas estratégicas con marcas y minoristas de renombre, ilustrando la importancia de una expansión planificada para consolidarse en el mercado global.

5. **Innovación continua**: Farfetch ha demostrado la necesidad de innovar constantemente en la industria de la moda en línea, adoptando nuevas tecnologías y estrategias para mantenerse relevante y competitivo.

"¿A Qué Estás Esperando?"

FEDEX

"Entrega de 9 Millones de paquetes al día"

F rederick W. Smith, el fundador de FedEx, tuvo una visión
revolucionaria para transformar la industria de la entrega
y la logística. Smith fundó Federal Express Corporation
(FedEx) en 1971 con una idea innovadora: crear un sistema de
entrega de paquetes de un día a otro utilizando aviones y centros
de distribución altamente eficientes.

Su concepto fue inspirado por su experiencia como piloto
y su comprensión de la importancia de la velocidad en la
entrega de paquetes. Al principio, la compañía enfrentó desafíos
financieros y operativos, pero Smith mantuvo su enfoque en la
excelencia del servicio.

En 1973, cuando FedEx enfrentaba la bancarrota, Smith llevó
personalmente a Las Vegas los fondos restantes de la compañía,
apostando en un juego para obtener el dinero necesario para
operar. Esta arriesgada estrategia pagó y permitió a FedEx
continuar sus operaciones.

La compañía creció rápidamente con su enfoque en la
innovación tecnológica, como la introducción de códigos
de barras para rastrear paquetes y sistemas informáticos
avanzados. En la década de 1980, FedEx se expandió
internacionalmente.

La visión y determinación de Smith revolucionaron la industria
de envíos y logística, transformando a FedEx en una de las
compañías de entrega más grandes y confiables del mundo,

cambiando para siempre la forma en que se movilizan paquetes y mercancías a nivel global.

Aprendizajes

1. **Visión revolucionaria**: Smith demostró que una visión innovadora y disruptiva puede transformar industrias enteras. Su idea de entrega rápida de paquetes cambió para siempre la logística y la industria de envíos.

2. **Resiliencia y determinación**: A pesar de enfrentar desafíos financieros iniciales y obstáculos, Smith demostró una determinación inquebrantable al superar las dificultades y mantener su visión a flote.

3. **Arriesgar para triunfar**: La disposición para asumir riesgos calculados, como su famosa apuesta en Las Vegas para salvar a FedEx de la bancarrota, muestra cómo tomar decisiones audaces puede llevar al éxito.

4. **Enfoque en la innovación tecnológica**: La adopción de tecnologías innovadoras, como el uso de códigos de barras para rastrear paquetes, destaca la importancia de la innovación continua para mantener la relevancia en un mercado cambiante.

"The World on Time"

FORD

"2022: 4,2 Millones de Vehículos Vendidos"

La Ford Motor Company, fundada por Henry Ford en 1903, desempeñó un papel fundamental en la historia del automóvil y la fabricación en masa. Ford introdujo el concepto de la línea de ensamblaje, revolucionando la producción al hacerla más eficiente y económica. El Modelo T, lanzado en 1908, se convirtió en un ícono, siendo el primer automóvil accesible para la clase media.

La visión de Ford de hacer los automóviles más asequibles y funcionales cambió la movilidad para siempre. La introducción de salarios más altos para los trabajadores en la línea de montaje también fue innovadora en su época, aumentando la capacidad adquisitiva de la clase trabajadora.

La Ford Motor Company fue pionera en la estandarización de la producción, optimizando los procesos y reduciendo costos. Esta mentalidad de eficiencia fue fundamental en la transformación de la industria automotriz y la fabricación en general.

Aunque la empresa ha enfrentado altibajos a lo largo de los años, su legado como precursora de la producción en masa y su contribución a la movilidad global la han convertido en una figura icónica en la historia industrial y empresarial.

Aprendizajes

1. **Innovación en Producción**: La introducción de la línea de ensamblaje por Henry Ford revolucionó la fabricación,

optimizando la producción y reduciendo costos.

2. **Accesibilidad y Democratización**: El Modelo T fue el primer automóvil accesible para la clase media, demostrando cómo la accesibilidad puede impulsar la demanda y transformar industrias.

3. **Enfoque en Eficiencia**: El énfasis en la eficiencia operativa permitió la producción a gran escala, estableciendo estándares en la fabricación y optimización de procesos.

4. **Innovación Laboral**: Introdujo salarios más altos para los trabajadores, mostrando cómo la compensación justa puede aumentar la moral y la productividad.

5. **Adaptabilidad al Mercado**: A pesar de altibajos, la capacidad de adaptarse a las demandas cambiantes del mercado y la innovación continua fueron fundamentales para su longevidad.

"Built Ford Tough"

GLOVO

"2021: Presente en más de 870 Ciudades en el Mundo"

Glovo nació en 2015 en Barcelona, fundada por Óscar Pierre y Sacha Michaud. La idea surgió cuando Óscar, frustrado por no poder recibir un antojo culinario específico en su domicilio, visualizó la necesidad de una plataforma que ofreciera entregas a domicilio de todo tipo de productos.

Esta visión condujo al desarrollo de una aplicación que permite a los usuarios solicitar y recibir una amplia gama de artículos, desde comida hasta artículos de farmacia, compras de supermercado y más, todo entregado por repartidores independientes.

La plataforma se enfocó inicialmente en satisfacer la demanda de entrega rápida y flexible, aprovechando una red de mensajeros independientes para garantizar entregas ágiles en un corto período de tiempo. Esta idea innovadora se expandió rápidamente a varias ciudades, convirtiéndose en una solución popular para la entrega rápida de productos en el ámbito local.

Aprendizajes

1. **Identificación de Necesidades del Mercado**: Necesidad de una plataforma que ofreciera entregas rápidas y flexibles de una amplia gama de productos, demostrando la importancia de comprender las demandas cambiantes de los consumidores.

2. **Modelo de Negocio Innovador**: La plataforma aprovechó

un modelo de negocio que utiliza repartidores independientes para ofrecer entregas rápidas y flexibles, mostrando cómo la innovación en la logística puede revolucionar la industria de entregas a domicilio.

3. **Adaptabilidad y Expansión Rápida**: Adaptarse rápidamente y expandirse a múltiples ciudades, demostrando la importancia de la escalabilidad y la flexibilidad en un mercado en evolución.

4. **Foco en la Experiencia del Usuario**: La plataforma se centró en ofrecer una experiencia positiva al usuario, brindando conveniencia y variedad en las entregas.

5. **Evolución de la Economía de las Plataformas**: Glovo es un ejemplo de cómo las plataformas digitales pueden transformar y diversificar la forma en que las personas acceden a productos y servicios, dando lugar a un cambio en la forma en que se realizan las compras y entregas.

"¡Lo tienes!"

GOOGLE

"2022: 1.900 € de beneficio neto por segundo"

Google nació en 1998 como un proyecto de investigación de dos estudiantes de doctorado de la Universidad de Stanford: Larry Page y Sergey Brin. Su objetivo era crear un motor de búsqueda más eficiente que clasificara las páginas web según su relevancia. Desarrollaron un algoritmo llamado "PageRank" para evaluar la importancia de las páginas en función de la cantidad y calidad de los enlaces que recibían.

El nombre "Google" proviene de la palabra "googol", que representa el número 1 seguido por 100 ceros, reflejando la vasta cantidad de información que querían organizar. La primera versión de Google se lanzó en un servidor improvisado en un garaje.

El enfoque eficiente de búsqueda y la simplicidad de la interfaz contribuyeron al rápido éxito de Google. En 2004, la empresa salió a bolsa, consolidándose como el motor de búsqueda líder y expandiéndose para ofrecer una variedad de servicios y productos, desde Gmail hasta Google Maps. Este crecimiento continuo ha convertido a Google en una de las compañías tecnológicas más influyentes del mundo.

Aprendizajes

1. **Enfoque en la Eficiencia de Búsqueda**: Google revolucionó la búsqueda en línea al desarrollar un algoritmo más eficiente (PageRank), mejorando la precisión y relevancia de los resultados de búsqueda.

2. Simplicidad y Usabilidad: La interfaz sencilla y la facilidad de uso de Google contribuyeron a su rápida adopción, destacando la importancia de la experiencia del usuario en el éxito de la plataforma.

3. Innovación Continua: Google ha demostrado una fuerte cultura de innovación, expandiéndose más allá de la búsqueda para ofrecer servicios como Gmail, Google Maps, YouTube y Android, manteniéndose a la vanguardia de la tecnología.

4. Crecimiento Empresarial Sostenible: Crecimiento empresarial sostenible mediante la diversificación de servicios y una amplia gama de productos.

5. Impacto Global y Versatilidad: La presencia global de Google y su capacidad para adaptarse a diversas necesidades, desde la búsqueda hasta la productividad y la comunicación, demuestran su versatilidad y alcance en múltiples industrias.

"Organiza la información del mundo y hazla universalmente accesible y útil"

GORE

"Más de 10.000 Empleados con Obsesión
por Crear un Mundo Mejor"

La historia de Gore-Tex se remonta a 1969, cuando Wilbert L. Gore y Robert W. Gore, investigadores de la empresa Gore, descubrieron accidentalmente una membrana impermeable y transpirable mientras experimentaban con politetrafluoroetileno expandido (ePTFE). Esta membrana presentaba una estructura microporosa que permitía el paso del vapor de agua pero bloqueaba el agua líquida, creando un material impermeable pero transpirable.

En la década de 1970, Gore-Tex se utilizó inicialmente en aplicaciones médicas y espaciales debido a su singular capacidad para repeler el agua y permitir la transpiración. Posteriormente, se aplicó en prendas de vestir y calzado para uso al aire libre.

En 1976, se lanzaron las primeras prendas con Gore-Tex al mercado. A medida que la tecnología avanzaba, se diversificaron sus aplicaciones, incluyendo equipo de protección personal, ropa deportiva y calzado.

Además, Gore-Tex organiza sus fábricas según el número de Dunbar: Un individuo es eficiente con 150 relaciones interpersonales como máximo.

Aprendizajes

1. **Serendipia en la innovación**: El descubrimiento de Gore-Tex fue accidental, destacando la importancia de la experimentación y la disposición para explorar nuevas posibilidades.

2. **Versatilidad de aplicaciones**: Aunque originalmente concebido para aplicaciones médicas y espaciales, el material se adaptó para su uso en prendas de vestir y calzado al aire libre, demostrando su versatilidad y adaptabilidad.

3. **Calidad y rendimiento**: La reputación de Gore-Tex se construyó en torno a su capacidad para proporcionar protección contra los elementos mientras permite la transpiración, enfatizando la importancia de la calidad en los productos técnicos.

4. **Impacto en la industria**: El éxito de Gore-Tex marcó un cambio significativo en la ropa técnica y los equipos para exteriores, elevando los estándares de rendimiento y comodidad para los usuarios.

5. **Innovación continua**: Gore-Tex continúa evolucionando y mejorando, lo que demuestra la importancia de la innovación constante para mantenerse relevante en un mercado en constante cambio.

"Teoría de Dunbar"

GRO INTELLIGENCE

"Sara Menker, una de las personas
más influyentes de 2021"

G ro Intelligence es una plataforma tecnológica fundada en 2014 por Sara Menker, que revoluciona la forma en que se accede y se utiliza la información agrícola y climática. La empresa se enfoca en recopilar, analizar y visualizar datos agrícolas de diversas fuentes para proporcionar información detallada y precisa sobre el mercado agrícola global.

Utilizando inteligencia artificial y aprendizaje automático, Gro Intelligence procesa grandes volúmenes de datos agrícolas, incluyendo información sobre cultivos, clima, suelos, etc, para permitir comprender patrones climáticos, predecir rendimientos de cultivos, analizar tendencias de mercado y evaluar riesgos. Esto facilita la toma de decisiones en la cadena de suministro de alimentos, la gestión de riesgos agrícolas y la planificación estratégica.

La empresa se ha destacado por su capacidad para unificar datos dispares en un solo lugar, proporcionando una visión holística del panorama agrícola mundial.

Aprendizajes

1. **Potencial de la tecnología en la agricultura**: Gro Intelligence demuestra cómo la tecnología, como la inteligencia artificial y el análisis de datos a gran escala, puede revolucionar la industria agrícola, proporcionando información valiosa para la toma de

decisiones.

2. Importancia de la integración de datos: Capacidad de Gro para integrar datos dispersos y complejos en una plataforma.

3. Empoderamiento a través de la información: Ofrece a los profesionales agrícolas y a las empresas de alimentos datos precisos y actualizados, empoderándolos para tomar decisiones más informadas y estratégicas.

4. Enfoque en la sostenibilidad: Ha promovido la sostenibilidad al proporcionar información que permite a las empresas y gobiernos tomar decisiones más conscientes sobre la gestión de recursos agrícolas y la cadena de suministro de alimentos.

5. Innovación como impulsor del cambio: La capacidad de Gro para innovar en la recopilación, análisis y presentación de datos ha sido fundamental para su éxito, destacando la importancia de la innovación en la evolución de industrias tradicionales como la agricultura.

6. Transformación digital en la agricultura: La historia de Gro refleja la creciente importancia de la transformación digital en la agricultura, mostrando cómo las soluciones tecnológicas pueden abordar desafíos complejos en este sector.

"Precisión de datos"

HALOID COMPANY

"Se gastan 400 millones de toneladas anuales en papel"

G Chester Carlson, el inventor de la fotocopiadora, comenzó su investigación sobre el proceso de copiado en 1938, trabajando en su tiempo libre mientras mantenía su empleo como físico e inventor en empresas como Bell Labs. Después de años de experimentación, Carlson logró patentar su proceso de copiado electrofotográfico en 1942, pero las compañías de la época no mostraron interés en su invento.

En 1947, Carlson fundó la empresa Haloid Company para desarrollar y comercializar su invento. Años más tarde, la compañía cambiaría su nombre a Xerox Corporation. En 1959, Xerox lanzó al mercado la Xerox 914, la primera fotocopiadora automática comercialmente exitosa basada en la tecnología de Carlson.

La Xerox 914 revolucionó las oficinas al ofrecer una forma rápida y eficiente de copiar documentos, convirtiéndose en un gran éxito comercial. La compañía Xerox siguió creciendo y diversificándose, convirtiéndose en un gigante de la industria de la tecnología y la impresión.

La invención de Carlson y la empresa que fundó marcaron un hito en la historia de la tecnología de copiado y fueron fundamentales en la transformación de la forma en que se manejan los documentos en las oficinas modernas. Xerox se convirtió en sinónimo de fotocopiadoras y su legado en la industria de la impresión sigue siendo relevante hasta el día de hoy.

Aprendizajes

1. **Persistencia en la innovación**: Chester Carlson perseveró durante años, trabajando en su invento mientras enfrentaba múltiples rechazos.

2. **Visión empresarial**: La fundación de Haloid Company, posteriormente conocida como Xerox, muestra cómo una visión emprendedora puede convertir una invención en un negocio exitoso.

3. **Importancia de la comercialización**: El éxito de Xerox no solo se debió a la invención de Carlson, sino también a la habilidad de la empresa para comercializar y llevar su producto al mercado de manera efectiva.

4. **Transformación industrial**: La Xerox 914 cambió radicalmente la forma en que se manejaban los documentos en las oficinas, lo que destaca cómo la tecnología puede revolucionar industrias enteras.

5. **Innovación continua**: Xerox siguió innovando y diversificando su cartera de productos, lo que resalta la importancia de la continua innovación y adaptación en un mercado en constante cambio.

"Steve Jobs le arrebató la idea del ratón
de ordenador a Xerox"

HELLO SUNSHINE

*"En 2021 fue adquirida por Blackstone
Group por 900 millones de dólares"*

Hello Sunshine es una compañía de medios y entretenimiento fundada por la actriz y productora Reese Witherspoon en 2016. La empresa se ha destacado por centrarse en contar historias que destacan la diversidad y la fuerza de las mujeres. A través de sus diversas iniciativas, Hello Sunshine busca crear contenido que empodere y celebre las voces femeninas.

La compañía ha producido proyectos exitosos en televisión y cine, incluyendo la serie "Big Little Lies" y "The Morning Show", así como películas como "Gone Girl" y "Wild". Hello Sunshine también se ha expandido a través de iniciativas editoriales, lanzando clubes de libros y produciendo contenido digital que destaca la creatividad y perspectivas diversas.

Con un enfoque en narrativas auténticas y significativas, Hello Sunshine ha sido elogiada globalmente por su contribución a la representación femenina en la industria del entretenimiento y por abordar temas importantes a través de sus proyectos.

Aprendizajes

1. **Narrativas inclusivas**: Prioriza la diversidad y la inclusión en las historias que cuenta, mostrando una amplia gama de experiencias y perspectivas, especialmente destacando la fuerza y la complejidad de las mujeres.

2. **Empoderamiento femenino**: Se enfoca en elevar las voces femeninas, tanto en la producción de contenido como en las historias que se cuentan.

3. **Contenido relevante y significativo**: Hello Sunshine ha demostrado la importancia de crear contenido relevante y auténtico que aborde temas sociales y personales significativos, atrayendo audiencias y generando conversaciones significativas.

4. **Plataformas multimedia**: La empresa ha logrado diversificarse y expandirse a través de múltiples plataformas, incluyendo televisión, cine, editoriales y contenido digital, demostrando la importancia de adaptarse a diferentes formatos para llegar a diversas audiencias.

5. **Impacto cultural**: Sus producciones han influido en la cultura popular y han generado diálogos importantes sobre temas como la maternidad, la amistad, la justicia y la igualdad de género.

"How it is"

HILDEBRAND & WOLFMÜLLER

"La empresa existió 7 años"

L a creación de la primera motocicleta es un tema debatido debido a múltiples contribuciones de diferentes inventores y diseñadores en distintas partes del mundo.

Se considera que la primera motocicleta propulsada por un motor de combustión interna fue desarrollada por Gottlieb Daimler y Wilhelm Maybach en 1885. Construyeron un prototipo impulsado por un motor de cuatro tiempos de un solo cilindro, montado en un marco de bicicleta, lo que se considera uno de los primeros acercamientos al diseño de una motocicleta moderna.

Si bien Daimler y Maybach contribuyeron significativamente al desarrollo de la motocicleta, no fue hasta la década de 1890 que se fabricaron y comercializaron las primeras motocicletas en serie.

La empresa alemana Hildebrand & Wolfmüller se destaca por ser la primera en producir y vender motocicletas en cantidades significativas en 1894, lo que marcó un hito en la fabricación comercial de estos vehículos de dos ruedas.

Aprendizajes

1. **Innovación Pionera**: Demostró el potencial de la innovación al crear y comercializar una de las primeras motocicletas en

serie, sentando las bases para la evolución de esta industria.

2. **Hitos en la Producción**: Fue la primera empresa en fabricar motocicletas a gran escala, estableciendo un precedente en la producción industrializada de vehículos de dos ruedas.

3. **Desafíos de Pioneros**: A pesar de su innovación, enfrentaron dificultades en términos de fiabilidad y competitividad, mostrando los desafíos que enfrentaron los pioneros en una industria emergente.

4. **Legado Histórico**: Su breve existencia dejó un legado significativo, siendo reconocida como un hito fundamental en la evolución de las motocicletas a nivel mundial.

5. **Inspiración para la Industria**: Sirvió como inspiración y punto de partida para el desarrollo de tecnologías y diseños posteriores en la fabricación de motocicletas.

Sin Claim

IBM

"2022: Facturación de 60.530 millones de dólares"

IBM, o International Business Machines Corporation, se originó en 1911 como la Computing-Tabulating-Recording Company (CTR) mediante la fusión de cuatro empresas. Su fundación se debió a la combinación de la International Time Recording Company, la Tabulating Machine Company, la Bundy Manufacturing Company y la Computing Scale Company of America.

La fusión de estas empresas bajo la dirección de Charles Flint tuvo como objetivo consolidar y estandarizar la tecnología de procesamiento de datos, incluidos relojes de control de tiempo, balanzas y máquinas tabuladoras. En 1924, la compañía cambió su nombre a International Business Machines Corporation (IBM) y Thomas J. Watson, Sr. asumió como presidente.

Watson transformó IBM, centrándola en la venta y el desarrollo de máquinas de tarjetas perforadas, convirtiéndola en un gigante de la industria de la computación. Durante su mandato, IBM introdujo innovaciones como las calculadoras electromecánicas, las primeras computadoras y sistemas informáticos comerciales. Su enfoque en la innovación tecnológica y la excelencia en la prestación de servicios informáticos contribuyó significativamente al desarrollo de la computación moderna.

Aprendizajes

1. **Enfoque en la innovación**: Su dedicación a la investigación y el desarrollo ha llevado a la creación de tecnologías pioneras en la informática y la computación.

2. **Adaptación al cambio**: Ha evolucionado constantemente, pasando de máquinas de tarjetas perforadas a la era de la computación y luego a servicios y soluciones tecnológicas más amplias.

3. **Liderazgo visionario**: La visión de líderes como Thomas J. Watson, Sr. y otros ejecutivos ha sido fundamental para el éxito de IBM.

4. **Excelencia en servicio al cliente**: IBM ha mantenido un enfoque sólido en brindar soluciones tecnológicas adaptadas a las necesidades de sus clientes.

5. **Inversión en talento**: La compañía ha valorado la atracción y retención de talento, fomentando una cultura de innovación, diversidad y excelencia.

6. **Compromiso con la comunidad**: IBM ha mantenido un compromiso con la responsabilidad social corporativa, participando en iniciativas de sostenibilidad y contribuyendo al avance de la sociedad a través de programas educativos y de investigación.

"IBM: Solutions for a Small Plane"

IKEA

"2022: 44.500 Millones de Facturación"

La historia de IKEA es un relato de innovación y diseño funcional a precios accesibles. Fundada en 1943 por Ingvar Kamprad en Suecia, IKEA inicialmente vendía artículos de decoración a través de pedidos por correo. En la década de 1950, adoptaron el concepto de muebles desmontables y empaquetados de manera plana, optimizando costos de producción y transporte.

El concepto de tienda IKEA tal como lo conocemos hoy surgió en 1958, con un enfoque único en la autoservicio y la experiencia del cliente. La compañía introdujo muebles de diseño escandinavo asequible, convirtiéndose en un referente global para soluciones de mobiliario prácticas y estilizadas.

La estrategia de "hazlo tú mismo" y la participación del cliente en el proceso de compra se volvieron característicos. IKEA también innovó en la incorporación de elementos como la cafetería y la tienda de comestibles en sus establecimientos.

Aprendizajes

1. **Innovación y Diseño Funcional**: IKEA revolucionó el mercado al ofrecer muebles desmontables y empaquetados de manera plana, priorizando la funcionalidad y el diseño a precios accesibles.

2. **Experiencia del Cliente**: La estrategia de autoservicio y la participación activa del cliente en la compra crearon una

experiencia única, fomentando la interacción y la elección personalizada.

3. **Adaptabilidad Internacional**: La expansión global de IKEA resalta la importancia de adaptarse a diversas culturas y mercados, manteniendo al mismo tiempo la identidad y el concepto de la marca.

4. **Compromiso con la Sostenibilidad**: IKEA ha demostrado un fuerte compromiso con la sostenibilidad, utilizando materiales reciclados, promoviendo la eficiencia energética y apoyando iniciativas ecológicas.

5. **Enfoque en la Rentabilidad y Eficiencia**: El enfoque en la optimización de costos de producción y transporte ha sido crucial para mantener precios bajos y atractivos para los clientes sin comprometer la calidad.es en un mercado altamente competitivo.

"La Lámpara"

INSTAGRAM

"2022: 2.000 Millones de Usuarios Activos"

Instagram fue concebido por Kevin Systrom y Mike Krieger. La idea surgió cuando Systrom estaba de vacaciones en México en 2010. Observó la creciente popularidad de las aplicaciones de geolocalización y la fascinación por los filtros de fotos entre los usuarios de las redes sociales. Inspirado por estas tendencias y motivado por su experiencia previa en el desarrollo de aplicaciones móviles, Systrom empezó a trabajar en una app para compartir fotos.

Inicialmente, la aplicación se llamaba "Burbn", centrada en compartir fotos, hacer check-ins y planificar encuentros con amigos. Sin embargo, Systrom y Krieger sintieron que la app necesitaba simplificarse y se enfocaron únicamente en las fotos.

El 6 de octubre de 2010, lanzaron oficialmente Instagram en la App Store de iOS. Rápidamente ganó popularidad por su sencillez y su capacidad para aplicar filtros a las fotos antes de compartirlas. En cuestión de horas, miles de personas se registraron. En menos de dos años, la aplicación ya tenía más de 100 millones de usuarios, atrayendo la atención de Facebook, que la adquirió en 2012 por mil millones de dólares, consolidando así su lugar como una de las redes sociales más influyentes del mundo.

Aprendizajes

1. **Identificar la necesidad del mercado**: Kevin Systrom y Mike Krieger observaron tendencias emergentes en las redes sociales

y la fotografía móvil, creando una plataforma que aprovechó estas demandas.

2. **Sencillez y Enfoque**: Simplificar la aplicación "Burbn" a solo compartir fotos fue clave para el éxito de Instagram, demostrando la importancia de la claridad y la simplicidad en la experiencia del usuario.

3. **Iteración y Mejora Continua**: Estar dispuesto a ajustar y mejorar la plataforma según la retroalimentación de los usuarios ayudó a Instagram a evolucionar rápidamente y mantener su relevancia.

4. **Rápido Crecimiento y Escalabilidad**: La rápida adopción por parte de los usuarios subraya la capacidad de las aplicaciones para crecer exponencialmente en un corto período de tiempo, especialmente cuando satisfacen una necesidad concreta.

5. **Adquisiciones Estratégicas**: La adquisición por parte de Facebook ilustra cómo una red social puede mantener su independencia y, al mismo tiempo, aprovechar el respaldo y los recursos de una compañía más grande para expandirse aún más.

"Captura y comparte tus momentos"

JIO PLATFORMS

"Facebook adquiere el 10% por 5.700 Millones de $"

J io Platforms es una empresa subsidiaria de Reliance Industries Limited, liderada por Mukesh Ambani, uno de los empresarios más prominentes de la India y presidente de Reliance Industries. Mukesh Ambani fue fundamental en el lanzamiento de Jio Infocomm en 2016, la compañía que sentó las bases para lo que más tarde se convertiría en Jio Platforms.

Bajo la visión de Ambani, Jio Infocomm revolucionó el panorama de las telecomunicaciones en la India al ofrecer servicios de datos móviles de alta velocidad a precios asequibles. La estrategia disruptiva de Jio Infocomm transformó la forma en que los indios accedían a internet, democratizando el acceso a la conectividad digital en el país.

Posteriormente, Jio Platforms se expandió bajo la dirección de Ambani hacia un conglomerado de tecnología digital y servicios en línea. Esta expansión abarcó áreas como comercio electrónico, servicios digitales, pagos en línea y más, buscando diversificar y fortalecer la presencia de la empresa en el creciente mercado digital de la India.

La visión de Mukesh Ambani y su liderazgo estratégico ha n sido fundamentales para posicionar a Jio Platforms como un actor influyente en el ecosistema digital de la India, consolidando su posición como una empresa líder en tecnología y telecomunicaciones en el país.

Aprendizajes

1. **Disrupción del mercado**: La entrada de Jio Infocomm al mercado de las telecomunicaciones desafió el statu quo al ofrecer servicios de alta calidad a precios asequibles.r industrias enteras.

2. **Digitalización inclusiva**: Jio Platforms ha trabajado para democratizar la conectividad digital en la India, llevando internet a sectores previamente desatendidos, subrayando la importancia de la inclusión digital.

3. **Diversificación y expansión**: La expansión de Jio Platforms hacia diversos sectores digitales muestra cómo la diversificación estratégica puede fortalecer la posición de una empresa en un mercado en constante cambio.

4. **Alianzas estratégicas**: Las asociaciones con gigantes tecnológicos globales como Facebook y Google han sido cruciales para el crecimiento de Jio Platforms, demostrando cómo las alianzas estratégicas pueden impulsar la expansión y el desarrollo.

5. **Innovación asequible**: La combinación de innovación tecnológica y precios asequibles ha sido fundamental para el éxito de Jio Platforms.

"Enrich your digital life"

JOHNSON & JOHNSON

"8.700 productos que facturan 82.600 millones de $"

Johnson & Johnson es una empresa multinacional estadounidense fundada en 1886 por los hermanos Robert Wood Johnson, James Wood Johnson y Edward Mead Johnson. Comenzó como una pequeña empresa familiar que fabricaba vendajes quirúrgicos estériles. Su objetivo inicial era proporcionar productos médicos de alta calidad y seguros para mejorar la atención médica.

Uno de los primeros productos de Johnson & Johnson fue la gasa esterilizada en paquetes individuales, una innovación significativa en la industria médica de la época. Este enfoque en la esterilización y la fabricación de productos médicos de calidad sentó las bases para el crecimiento futuro de la empresa.

A lo largo de los años, Johnson & Johnson ha diversificado sus actividades en una amplia gama de productos de consumo, dispositivos médicos y productos farmacéuticos. La compañía ha sido conocida por su énfasis en la investigación y desarrollo, la innovación en la atención médica y su compromiso con la responsabilidad social corporativa.

En la actualidad, Johnson & Johnson es una de las empresas más grandes del mundo en el campo de la salud, con operaciones en varios países y una cartera diversificada que abarca desde productos para el cuidado del bebé y cosméticos hasta dispositivos médicos de alta tecnología y medicamentos innovadores.

Aprendizajes

1. **Compromiso con la calidad**: Desde sus inicios, la compañía se ha centrado en la fabricación de productos médicos y de consumo de alta calidad, estableciendo estándares rigurosos para la seguridad y la eficacia.

2. **Innovación en la atención médica**: Su enfoque en la esterilización de vendajes fue un ejemplo temprano de innovación en la industria médica.

3. **Diversificación estratégica**: La expansión de Johnson & Johnson a diversas áreas, desde productos para el cuidado del bebé hasta dispositivos médicos y medicamentos, demostró la importancia de una cartera diversificada para el crecimiento sostenible.

4. **Ética empresarial y responsabilidad social**: La empresa ha mantenido una sólida reputación en ética empresarial y responsabilidad social corporativa, mostrando su compromiso con la comunidad y la sostenibilidad.

5. **Enfoque en la investigación y desarrollo**: Johnson & Johnson ha priorizado la investigación y el desarrollo, invirtiendo en la creación de nuevos productos y tecnologías para mejorar la salud y el bienestar.

"Changing the trajectory of health for the future"

LA CHEMISE LACOSTE

"En realidad el logotipo es un caimán gigi"

E l tenista francés René Lacoste en 1933 junto con André Gillier, un fabricante de camisas, fundó la compañía La Chemise Lacoste.

René Lacoste, apodado "El Cocodrilo" por su tenacidad en la cancha, revolucionó la vestimenta deportiva al crear una camisa de tenis diferente a las habituales en ese entonces. Él diseñó una camisa de manga corta con tejido de piqué, que permitía una mayor comodidad y transpirabilidad en comparación con las camisas tradicionales de manga larga. Esta camisa tenía un diseño de cuello plano y botones en la parte delantera.

Lo más distintivo de esta camisa fue el emblema del cocodrilo bordado en el pecho, el cual se convirtió en el logotipo icónico de la marca Lacoste. Este logo se inspiró en el apodo de Lacoste y se convirtió en uno de los primeros logotipos visibles en la ropa, marcando una nueva era en el mundo de la moda deportiva.

A través de esta innovación en la indumentaria deportiva y la introducción del cocodrilo como logotipo, Lacoste estableció un estándar de calidad y estilo que perdura hasta el día de hoy, expandiéndose más allá del tenis para convertirse en una marca de moda global reconocida por su elegancia y su legado deportivo.

Aprendizajes

1. **Innovación en el diseño deportivo**: René Lacoste introdujo una nueva forma de vestir en el tenis al desarrollar una camisa de manga corta con tejido de piqué, destacando la importancia de la comodidad y la funcionalidad en la indumentaria deportiva.

2. **Identidad de marca únic**a: El uso del cocodrilo como logotipo fue una innovación en la identificación de marca. Esto enseña la importancia de crear una identidad visual distintiva y memorable.

3. **Conexión entre deporte y moda**: Lacoste fusionó el mundo del deporte con la moda al crear una línea de ropa deportiva que trascendió las canchas de tenis para convertirse en una marca de moda reconocida.

4. **Legado y longevidad**: La capacidad de Lacoste para mantenerse relevante a lo largo del tiempo, manteniendo su estilo clásico y elegante, muestra la importancia de la consistencia y la adaptación a las tendencias cambiantes.

"Life is a beautiful sport'"

LA NAVEGACIÓN SUBMARINA

"USS Mississippi, el submarino más grande del Mundo"

L a Navegación Submarina fue una empresa fundada por Narcís Monturiol, un inventor catalán, en Barcelona a mediados del siglo XIX. Monturiol tenía una visión audaz de crear un medio de transporte submarino revolucionario y seguro, dando lugar al desarrollo del primer submarino operativo de propulsión mecánica, el Ictíneo I.

Con la empresa, Monturiol buscaba fabricar y comercializar su innovador submarino, que presentaba una revolucionaria propulsión mecánica. El Ictíneo I, impulsado por una máquina de vapor, podía sumergirse y emerger mediante un sistema de lastre y estaba diseñado para realizar exploraciones submarinas.

A pesar de los esfuerzos y la pasión de Monturiol, la empresa enfrentó dificultades financieras y técnicas. La falta de apoyo económico y problemas con la tecnología de la época limitaron el éxito comercial del proyecto.

A pesar de la empresa no logró alcanzar la estabilidad financiera, el trabajo de Monturiol sentó las bases para el desarrollo futuro de los submarinos y contribuyó significativamente al avance de la navegación submarina, marcando un hito en la historia de la exploración marina.

Aprendizajes

1. **Innovación audaz**: Monturiol mostró cómo la visión y la audacia pueden llevar a la creación de inventos revolucionarios, desafiando las limitaciones de su tiempo.

2. **Perseverancia ante la adversidad**: A pesar de los desafíos financieros y técnicos, Monturiol persistió en su visión, demostrando la importancia de la perseverancia en la búsqueda de metas innovadoras.

3. **Contribuciones al avance científico**: Aunque su empresa enfrentó dificultades, su trabajo sentó las bases para el desarrollo futuro de los submarinos, marcando un hito en la exploración marina y la navegación submarina.

4. **Importancia de la financiación y el apoyo**: La falta de respaldo financiero y apoyo limitó el potencial comercial del proyecto, destacando la importancia del respaldo económico en la innovación tecnológica.

5. **Legado duradero**: A pesar de los desafíos, Monturiol dejó un legado significativo en la historia de la navegación submarina y la exploración marina, inspirando a generaciones futuras de inventores y científicos.

"El Trieste alcanzó una profundidad verificada de aproximadamente 10.916 metros""

LEVI STRAUSS

"Levi's 501: 2.500 Millones de Unidades Vendidas"

En 1853, Strauss, un comerciante de telas, se asoció con Jacob Davis, un sastre, para crear pantalones de trabajo más resistentes.

Utilizando denim resistente, reforzaron las costuras de los pantalones con remaches de cobre, lo que los hizo más duraderos y resistentes al trabajo duro. Este diseño revolucionario dio origen a los primeros "jeans". En 1873, Strauss y Davis obtuvieron la patente para sus pantalones con remaches y nació la icónica marca Levi's.

Los Levi's, originalmente conocidos como "Overalls" (pantalones de trabajo), se convirtieron rápidamente en una prenda popular entre mineros, y vaqueros por su durabilidad. Con el tiempo, los jeans Levi's se convirtieron en un símbolo de la cultura estadounidense, asociados con la libertad y la juventud.

A lo largo de los años, ha ampliado su línea de productos, incluyendo diferentes estilos de jeans, ropa casual y accesorios, convirtiéndose en una marca de renombre mundial con una influencia duradera en la moda y el vestuario cotidiano.

Aprendizajes

1. **Innovación en el Diseño**: Strauss y Davis transformaron la ropa de trabajo al fortalecer los pantalones con remaches de cobre, demostrando que la innovación en el diseño puede revolucionar una industria.

2. **Adaptación al Mercado**: Al reconocer la necesidad de prendas resistentes para mineros y trabajadores, crearon un producto que satisfacía una demanda específica del mercado, demostrando la importancia de entender las necesidades de los consumidores.

3. **Marca Icónica**: La marca Levi's se convirtió en un símbolo de la cultura estadounidense y la moda casual, mostrando cómo una marca puede trascender y tener un impacto cultural duradero.

4. **Durabilidad de la Marca**: A lo largo del tiempo, la calidad y durabilidad de los productos Levi's han mantenido la marca relevante y deseada por varias generaciones, demostrando la importancia de la calidad en la construcción de una marca fuerte.

5. **Cambio en la Moda**: Los jeans Levi's pasaron de ser ropa de trabajo a ser un artículo de moda, mostrando cómo una prenda puede evolucionar en su significado y uso a lo largo del tiempo.

"501 Blues"

LINKEDIN

"2022: 900 Millones de Usuarios Profesionales"

L inkedIn fue fundado en diciembre de 2002 por Reid Hoffman y algunos cofundadores, incluidos Konstantin Guericke y Allen Blue. La idea surgió cuando Hoffman, un empresario y ejecutivo tecnológico, se dio cuenta de la necesidad de crear una plataforma que permitiera a los profesionales conectarse y colaborar en línea.

La visión de LinkedIn era proporcionar una red profesional que trascendiera las fronteras físicas y permitiera a los usuarios establecer contactos laborales, buscar oportunidades laborales y compartir conocimientos. Se lanzó oficialmente en mayo de 2003 y se centró en construir perfiles profesionales, conectando a profesionales de diversas industrias.

A lo largo de los años, LinkedIn ha evolucionado para ofrecer funciones adicionales, como publicaciones de contenido, herramientas de búsqueda de empleo y servicios premium, convirtiéndose en la red profesional líder a nivel mundial. En 2011, LinkedIn salió a bolsa, marcando un hito significativo en su crecimiento y reconocimiento como una plataforma esencial para profesionales y empresas.

Aprendizajes

1. **Identificación de una Necesidad**: Necesidad de una red profesional en línea que permitiera conexiones laborales, búsqueda de empleo y compartición de conocimientos entre profesionales de diversas industrias.

2. **Construcción de una Comunidad Profesional**: La plataforma se centró en construir perfiles profesionales detallados y conectar a personas, lo que fortaleció su posición como una red líder para profesionales.

3. **Adaptación y Expansión**: A lo largo del tiempo, LinkedIn ha agregado funciones adicionales, como publicaciones de contenido, grupos temáticos y servicios premium, adaptándose continuamente para satisfacer las necesidades cambiantes de sus usuarios.

4. **Importancia de la Marca Personal**: LinkedIn ha enfatizado la importancia de la marca personal y la red de contactos en el mundo laboral moderno, permitiendo a los usuarios mostrar sus habilidades y experiencias de manera profesional.

5. **Transformación en una Herramienta de Búsqueda de Empleo y Profesionales**: La plataforma se ha convertido en una herramienta esencial tanto para la búsqueda de empleo como para la contratación, facilitando la conexión entre empleadores y candidatos cualificados.

"Conéctate a oportunidades"

LONDON RUBBER COMPANY

"Se venden 23.000 preservativos por segundo"

La historia de Durex se remonta a 1915, cuando la empresa London Rubber Company fue fundada en el Reino Unido. Inicialmente, la compañía se dedicaba a la fabricación de productos de caucho, incluidos globos y artículos para uso médico. Durante la Primera Guerra Mundial, debido a la escasez de látex importado, la empresa se vio desafiada a buscar alternativas.

Fue en este contexto cuando la London Rubber Company comenzó a producir preservativos de látex. Posteriormente, en la década de 1920, la marca Durex fue registrada como una abreviatura de "Durability, Reliability, Excellence" (Durabilidad, Fiabilidad, Excelencia).

Los preservativos Durex se hicieron conocidos por su calidad y fiabilidad, lo que contribuyó al éxito y la expansión de la marca a nivel mundial. Desde entonces, la marca Durex se ha convertido en una de las más reconocidas y confiables en el mercado de preservativos y otros productos relacionados con la salud sexual.

Aprendizajes

1. **Adaptabilidad Empresarial**: La London Rubber Company demostró la capacidad de adaptarse a las circunstancias, cambiando su enfoque de la producción de artículos de caucho

a la fabricación de preservativos durante la escasez de látex durante la Primera Guerra Mundial.

2. **Innovación y Diversificación**: La incursión en la fabricación de preservativos fue una muestra de innovación y diversificación de productos, lo que les permitió expandir su cartera y explorar nuevos mercados.

3. **Enfoque en la Calidad y Fiabilidad**: La marca Durex se ha ganado la confianza del consumidor al enfocarse en la calidad, durabilidad y confiabilidad de sus productos, estableciendo estándares en la industria.

4. **Estrategias de Marketing Efectivas**: Durex ha sabido crear una imagen de marca fuerte, asociada con la seguridad y la salud sexual, a través de campañas publicitarias inteligentes y educativas.

5. **Adaptación a las Necesidades del Consumidor**: El compromiso con la salud sexual y la innovación en el diseño de productos.

"Innovación, Confianza y Cuidado para una Sexualidad Segura y Plena"

LUMIÈRE

"En 2020, la industria cinematográfica mundial recaudó 12.000 millones de dólares"

L os hermanos Lumière, Louis y Auguste Lumière, fueron pioneros en la historia del cine. Fundaron la empresa "Lumière" en Francia, una compañía dedicada inicialmente a la fotografía. Sin embargo, su mayor logro llegó con el invento del cinematógrafo, una máquina que podía filmar, proyectar y mostrar imágenes en movimiento.

En 1895, presentaron públicamente su invención con la proyección de "La salida de los obreros de la fábrica Lumière". Este cortometraje de 46 segundos mostraba a trabajadores saliendo de una fábrica y marcó el nacimiento del cine tal como lo conocemos hoy.

La empresa Lumière produjo numerosas películas cortas que mostraban escenas cotidianas, como "El regador regado" y "El baño del bebé". Estas obras revolucionaron el entretenimiento visual y asombraron a las audiencias de la época.

El éxito del cinematógrafo llevó a la difusión del cine en todo el mundo, estableciendo las bases de la industria cinematográfica. A pesar de su impacto, los hermanos Lumière se retiraron del mundo del cine en la primera década del siglo XX, dejando un legado duradero en la historia del entretenimiento visual.

Aprendizajes

1. **Innovación disruptiva**: Su invención del cinematógrafo

marcó un hito en la historia del entretenimiento, resaltando la importancia de la innovación tecnológica.

2. **Visión emprendedora**: Los Lumière demostraron que la visión y la valentía para perseguir nuevas ideas pueden llevar a logros significativos.

3. **Impacto cultural**: Su trabajo ilustra cómo una invención puede influir en la cultura y el entretenimiento, abriendo nuevas formas de expresión y comunicación.

4. **Experimentación**: La disposición para probar y experimentar con tecnologías emergentes es fundamental para el progreso y la evolución.

5. **Pionerismo**: Ser los primeros en algo conlleva riesgos, pero también puede conducir a cambios significativos en la sociedad y la tecnología.

6. **Valor del legado**: El legado de los Lumière destaca cómo una innovación puede perdurar y evolucionar con el tiempo, dejando una huella duradera en la historia.

"El público se asustó porque el tren se les venia encima."

MCDONALD'S

"75.000 Hambuguesas por Segundo"

McDonald's, fundada en 1940 por los hermanos Richard y Maurice McDonald, se ha convertido en una de las cadenas de comida rápida más grandes y reconocidas a nivel mundial. Con su enfoque en la eficiencia operativa y la estandarización, Ray Kroc, quien luego compró la franquicia, transformó el negocio en lo que conocemos hoy.

Su menú icónico incluye hamburguesas, papas fritas, refrescos y la famosa "Happy Meal", ofreciendo comida rápida a precios asequibles. A lo largo de los años, McDonald's ha innovado con promociones como el "Big Mac", la "McRib" y la expansión de su menú a opciones más saludables y personalizables.

La estrategia de McDonald's se basa en la consistencia de sus productos y experiencia del cliente, respaldada por una fuerte red de franquicias y una presencia global. Ha enfrentado críticas por la calidad nutricional de su comida y su impacto ambiental, pero continúa siendo un referente en la industria de la comida rápida, con miles de restaurantes en todo el mundo.

Aprendizajes

1. **Enfoque en Eficiencia**: McDonald's se ha centrado en la estandarización y eficiencia operativa desde sus inicios, lo que le ha permitido ofrecer comida rápida de manera consistente y a gran escala.

2. **Innovación de Menú**: La introducción de productos icónicos

como el "Big Mac", las papas fritas y la "Cajita Feliz" ha sido clave para mantener la relevancia y satisfacer las preferencias cambiantes de los clientes.

3. **Estrategia de Franquicias**: La expansión a través de franquicias ha sido fundamental para el crecimiento global de McDonald's, estableciendo una presencia en casi todos los rincones del mundo.

4. **Adaptabilidad al Mercado**: La capacidad de adaptarse a diferentes culturas y preferencias locales ha sido esencial para su éxito global, ofreciendo menús adaptados a cada región.

5. **Experiencia del Cliente**: La consistencia en la experiencia del cliente y la oferta de comida rápida a precios accesibles han sido elementos centrales en la fidelización de los clientes a lo largo del tiempo.

"I'm Lovin' It"

MICROSOFT

"2022: 221.000 empleados"

Microsoft nació de la visión compartida entre Bill Gates y Paul Allen. Ambos tenían un profundo interés por la informática desde una edad temprana. Gates, mientras estudiaba en Harvard, se asoció con Allen para desarrollar un lenguaje de programación para la primera computadora personal, el Altair 8800.

Tras el éxito de este proyecto, Gates y Allen fundaron Microsoft en 1975 en Albuquerque, Nuevo México. Su objetivo inicial era desarrollar software para la incipiente industria de la computación personal. Su primer gran éxito llegó con un acuerdo para proporcionar un sistema operativo para IBM, lo que llevó al lanzamiento de MS-DOS.

El punto de inflexión llegó en 1985 con el lanzamiento de Windows, un sistema operativo gráfico que revolucionó la informática personal al permitir a los usuarios interactuar con las computadoras de una manera más intuitiva. Esto llevó a una expansión masiva de Microsoft como líder en la industria de software.

La estrategia de Gates para licenciar software a otros fabricantes de computadoras estableció el dominio de Microsoft en el mercado.

Aprendizajes

1. **Persistencia y Enfoque**: El viaje de Microsoft destaca la

importancia de la persistencia y la dedicación hacia un objetivo claro. Gates y Allen mantuvieron su enfoque en el desarrollo de software, a pesar de los desafíos iniciales.

2. **Innovación Constante**: Desde el lanzamiento de MS-DOS hasta Windows y más allá, la empresa estuvo constantemente en la vanguardia de la innovación tecnológica.

3. **Estrategia de Negocios Efectiva**: La estrategia de licenciamiento de software a otros fabricantes fue un movimiento estratégico crucial que contribuyó a su dominio en el mercado.

4. **Enfoque en la Experiencia del Usuario**: El enfoque de Microsoft en mejorar la experiencia del usuario, haciendo que la tecnología sea más accesible y amigable, fue fundamental para su éxito.

5. **Colaboraciones Estratégicas**: Las asociaciones clave, como la colaboración con IBM, destacan la importancia de las alianzas empresariales para el crecimiento y el éxito de una empresa.

"I'm a PC"

MISTAKE OUT COMPANY

" En 1965 se vendía en más de 150 países"

El Tipp-Ex nació en 1951, creado por Bette Nesmith Graham, una secretaria que buscaba una solución para corregir errores en la máquina de escribir. Su invento se basaba en una mezcla de pigmentos, resinas y disolventes que permitían cubrir los errores con una capa blanca.

Inicialmente, Bette lo usaba para corregir errores en sus propios trabajos, pero pronto otros comenzaron a pedirle su invento. En 1958, fundó la empresa "Mistake Out Company" (posteriormente renombrada como Liquid Paper Company) para comercializar el Tipp-Ex.

El Tipp-Ex revolucionó la forma en que se manejaban los errores de escritura, pasando de ser un recurso de oficina a un producto omnipresente en escritorios. Su popularidad creció exponencialmente con el auge de las máquinas de escribir. Posteriormente, con el advenimiento de las computadoras, adaptaron su fórmula para corregir errores en impresiones.

En la actualidad, aunque el uso de las máquinas de escribir ha disminuido, el Tipp-Ex se ha mantenido como un ícono y sigue siendo una herramienta útil en muchas oficinas y entornos de trabajo.

Aprendizajes

1. **Identificación de necesidades cotidianas**: La creación de Tipp-Ex surgió de la identificación de una necesidad común en los entornos de oficina: la corrección de errores en máquinas de escribir.

2. **Innovación creativa**: Bette Nesmith Graham ideó una solución simple pero efectiva para resolver un problema diario, utilizando una fórmula ingeniosa y práctica.

3. **Transformación de errores en oportunidades**: Convirtió un problema (los errores de escritura) en una oportunidad de negocio al ofrecer una solución práctica y eficaz.

4. **Adaptación tecnológica**: A medida que las tecnologías de escritura han evolucionado, Tipp-Ex también se ha adaptado, desarrollando soluciones para corregir errores en impresiones digitales.

5. **Relevancia continua**: A pesar de los cambios tecnológicos, Tipp-Ex ha mantenido su relevancia como una herramienta confiable para corregir errores en diferentes entornos de trabajo.

"A Hunter Shoots a Bear"

MODERNA

" La vacuna del COVID-19 se desarrolló en 10 meses"

Moderna se fundó en 2010 por un grupo de científicos y empresarios visionarios, incluyendo a Derrick Rossi, Noubar Afeyan, Robert Langer y Kenneth R. Chien, con la ambición de revolucionar la medicina a través del ARN mensajero (ARNm). Desde su inicio, la compañía se enfocó en desarrollar terapias y vacunas innovadoras utilizando esta tecnología.

Durante los primeros años, Moderna centró sus esfuerzos en perfeccionar la plataforma de ARNm, buscando hacerla segura, efectiva y adaptable para una amplia gama de aplicaciones médicas. Su compromiso con la investigación y el desarrollo les permitió expandir su enfoque más allá de las vacunas hacia tratamientos personalizados para enfermedades diversas.

El hito más significativo llegó con la pandemia de COVID-19. Moderna respondió rápidamente y desarrolló una vacuna basada en ARNm que demostró ser altamente efectiva, estableciéndose como un punto de inflexión en la historia de la medicina moderna.

La empresa ha forjado alianzas estratégicas, ha invertido en infraestructura de fabricación y ha colaborado con una amplia red de expertos para avanzar en su misión de innovación médica. Su enfoque pionero en el ARNm ha transformado radicalmente la forma en que se enfrentan enfermedades y pandemias, dejando un legado de progreso científico y avances médicos revolucionarios a nivel global.

Aprendizajes

1. **Innovación audaz**: Moderna desafió convenciones al apostar por el ARN mensajero, demostrando cómo la innovación radical puede transformar la medicina.

2. **Adaptabilidad y flexibilidad**: La capacidad de ajustar rápidamente su tecnología de ARNm ante nuevos desafíos subraya la importancia de la flexibilidad en el desarrollo de tratamientos médicos.

3. **Rigor científico**: La priorización de rigurosos ensayos clínicos evidencia la necesidad de basar avances médicos en evidencia sólida y pruebas exhaustivas.

4. **Velocidad en emergencias**: La respuesta ágil de Moderna ante la pandemia subraya la importancia de la preparación y la capacidad de respuesta en crisis sanitarias.

5. **Impacto global**: Moderna ha dejado huella a nivel global, mostrando cómo la ciencia puede transformar la forma en que enfrentamos enfermedades en todo el mundo.

"El poder del ARNm"

MONTE DEI PASCHI DI SIENA

"Más de 550 Años de Historia"

El Mont Siena. Nació como una institución bancaria con un propósito social específico: ayudar a los agricultores locales y a las comunidades más necesitadas. La institución surgió durante el Renacimiento italiano, en un período de gran desarrollo cultural y económico.

Su fundación se atribuye a la iniciativa de un grupo de magistrados sieneses, quienes buscaban proporcionar préstamos a los pobres y reforzar la economía local. El Monte dei Paschi comenzó como un "monte" o montaña de caridad, una especie de caja de préstamos para los ciudadanos menos favorecidos.

La entidad rápidamente se convirtió en una parte fundamental de la vida económica y social de Siena, ofreciendo préstamos y servicios financieros a la comunidad, particularmente a los agricultores y artesanos locales. A lo largo de los siglos, el banco atravesó distintas etapas, adaptándose a los cambios económicos y políticos de Italia, convirtiéndose en una institución financiera importante y manteniendo su presencia en la región de Siena y más allá.

Aprendizajes

1. **Compromiso Social**: Su fundación demuestra la importancia de un enfoque bancario con propósitos sociales, ayudando a los

menos afortunados y fortaleciendo la economía local.

2. **Perseverancia a lo Largo del Tiempo**: Su capacidad para mantenerse operativo durante más de cinco siglos destaca la importancia de la adaptabilidad y la capacidad de resistencia a través de los cambios históricos y económicos.

3. **Responsabilidad Comunitaria**: El banco ha mantenido su conexión con la comunidad, ofreciendo servicios financieros a agricultores y artesanos locales, lo que subraya la relevancia de servir a las necesidades locales.

4. **Importancia de la Evolución**: A través de diversas transformaciones y desafíos, el banco ha demostrado la necesidad de evolucionar y adaptarse a las demandas cambiantes del panorama financiero y económico.

5. **Legado Perduradero**: Su longevidad resalta la importancia de la solidez institucional, la confianza del cliente y la gestión financiera prudente para mantener una presencia duradera en la industria bancaria.

"Más de cinco siglos de excelencia financiera, un legado perdurable de confianza y servicio a la comunidad"

MOTOROLA

"En 1973, Martin Cooper hizo la primera llamada desde un móvil en las calles de NY. Pesaba 1 kg"

Motorola, fundada en 1928, ha sido una pionera en la industria de las comunicaciones. Inicialmente, la compañía se dedicaba a dispositivos de comunicación para el sector gubernamental y militar. A lo largo de su historia, Motorola ha sido responsable de muchos hitos en tecnología.

En los años 70, desarrollaron el primer teléfono celular portátil, el Motorola DynaTAC 8000X, que salió al mercado en 1983. Fue un avance revolucionario y se convirtió en el primer teléfono móvil comercialmente disponible. Años después, en 1996, lanzaron el StarTAC, el primer teléfono plegable del mundo, consolidando aún más su posición en la industria.

Motorola también contribuyó al desarrollo de tecnologías inalámbricas y sistemas de comunicación, incluyendo la radio de dos vías y los sistemas de comunicación para la misión del Apolo 11.

En 2011, Google adquirió Motorola Mobility, la división de dispositivos móviles de la compañía. Posteriormente, en 2014, vendieron esta división a Lenovo, centrándose más en el desarrollo de tecnologías de comunicación para empresas y gobiernos.

Aprendizajes

1. **Innovación pionera**: Motorola marcó pauta en tecnología móvil con el primer teléfono celular comercialmente viable, mostrando su compromiso con la innovación.

2. **Adaptabilidad**: Su capacidad para evolucionar y adaptarse a los cambios del mercado, desde la radio bidireccional hasta la fabricación de dispositivos móviles y la posterior venta de su división a Lenovo.

3. **Enfoque en la calidad**: La reputación de Motorola se basó en la calidad de sus productos, lo que les permitió mantener la confianza de los consumidores durante décadas.

4. **Liderazgo en comunicaciones**: La marca se destacó por liderar en tecnologías de comunicación, desde la radio hasta el desarrollo de sistemas para misiones espaciales.

5. **Colaboración y asociaciones estratégicas**: Su capacidad para asociarse con líderes en la industria, como Google y Lenovo, muestra una visión estratégica y capacidad para mantenerse relevante.

"Hello Moto"

NBA

"12 Millones de Espectadores por Partido"

La NBA ha sido un catalizador fundamental en la innovación del deporte profesional a nivel mundial. Desde sus inicios, se ha destacado por revolucionar la experiencia del espectador, introduciendo cambios significativos que han transformado la forma en que se juega, se ve y se percibe el baloncesto.

Innovó con sus tácticas de marketing, adoptando estrategias para acercarse a los fanáticos y generar interés, desde campañas publicitarias hasta el uso eficiente de las redes sociales para mantener comprometidos a sus seguidores. También ha liderado la aplicación de tecnología, utilizando cámaras de alta velocidad, sistemas de análisis avanzados y repeticiones instantáneas para mejorar la calidad de los partidos y ofrecer una experiencia más envolvente a los espectadores.

Además, la NBA ha fomentado una cultura de innovación al adoptar constantemente cambios en las reglas y el formato de juego para mantenerlo emocionante y relevante para las audiencias contemporáneas.

Aprendizajes

1. **Innovación Constante**: La NBA demuestra la importancia de la innovación continua para mantenerse a la vanguardia en el mundo del deporte y mejorar la experiencia del espectador.

2. **Tecnología y Calidad del Juego**: La adopción de tecnologías

emergentes no solo mejora la calidad del juego sino que también atrae a nuevos seguidores y mantiene la atención de la audiencia global.

3. **Compromiso con la Diversidad**: La NBA destaca la importancia de la inclusión y la diversidad, brindando oportunidades a jugadores de diferentes partes del mundo y promoviendo la igualdad en el deporte.

4. **Marketing Efectivo**: Capacidad para conectarse emocionalmente con los fanáticos a través del marketing efectivo ha sido crucial para su éxito y expansión global.

5. **Adaptación a las Preferencias del Público**: La flexibilidad para adaptarse a las preferencias cambiantes de la audiencia es esencial para mantener la relevancia y la atracción de nuevos seguidores.

6. **Liderazgo Visionario**: La liga resalta la importancia de un liderazgo visionario que fomente la innovación y cree un ambiente propicio para el progreso constante.

"That's Game"

NETFLIX

"165 Millones de Horas al Día entre 139 Millones de Usuarios"

Netflix nació en 1997 cuando Reed Hastings, cofundador de la compañía, enfrentó una multa por retrasar la devolución de un alquiler de DVD. Esta experiencia lo llevó a pensar en un modelo de negocio diferente para el alquiler de películas. Junto a Marc Randolph, ideó un servicio de alquiler de DVD por correo, ofreciendo a los clientes la conveniencia de recibir y devolver películas sin cargos por retraso.

Inicialmente, Netflix operaba exclusivamente en el alquiler de DVD. Sin embargo, a medida que internet ganaba popularidad, la compañía decidió expandirse al streaming de películas y programas de televisión en 2007. Esta estrategia marcó un cambio significativo, permitiendo a los suscriptores ver contenido en línea a través de dispositivos conectados a internet.

Netflix no solo se convirtió en un servicio de entretenimiento líder en streaming, sino que también incursionó en la producción de contenido original, creando series y películas aclamadas que atraen a una audiencia global. Esta combinación de alquiler de DVD por correo y streaming en línea llevó a Netflix a ser una potencia en la industria del entretenimiento.

Aprendizajes

1. **Innovación en el Alquiler de Películas**: Netflix revolucionó el mercado al ofrecer un servicio de alquiler de DVD por correo, eliminando las multas por retraso y brindando comodidad a los

suscriptores.

2. **Transición al Streaming**: La empresa se adaptó al cambio tecnológico al introducir el streaming de contenido, permitiendo a los usuarios ver películas y programas en línea a través de internet.

3. **Producción de Contenido Original**: Netflix incursionó en la creación de contenido propio, produciendo series y películas exclusivas que atrajeron a una amplia audiencia y ganaron reconocimiento crítico.

4. **Escalamiento Global**: La plataforma expandió su presencia internacional, adaptándose a diferentes mercados y preferencias culturales, convirtiéndose en un servicio de entretenimiento global.

5. **Énfasis en la Personalización**: Netflix ha destacado por su capacidad para recomendar contenido personalizado, utilizando algoritmos para satisfacer los gustos individuales de los usuarios, mejorando así la experiencia de usuario.

"See What's Next"

NIKE

"25 pares de zapatillas vendidas por segundo"

En 1964, Phil Knight, un corredor de fondo, y Bill Bowerman, su entrenador, fundaron Blue Ribbon Sports en Eugene, Oregón, como distribuidora de calzado deportivo japonés. En 1971, la compañía cambió su nombre a Nike, inspirado en la diosa griega de la victoria.

El verdadero impulso llegó en 1973 cuando Bowerman diseñó las primeras zapatillas con una suela innovadora, utilizando la famosa gofrera de su cocina. El modelo se llamó Waffle Trainer y se convirtió en un hito en la industria del calzado deportivo.

En 1985, Nike lanzó las Air Jordan, revolucionando el mercado al asociarse con la estrella de la NBA Michael Jordan. Esta colaboración cambió el juego al introducir el concepto de zapatillas de firma.

La campaña "Just Do It" en 1988 se convirtió en un lema cultural, consolidando la marca como un ícono. Desde entonces, Nike ha continuado innovando en diseño, tecnología y marketing, convirtiéndose en una de las marcas deportivas más reconocidas y exitosas a nivel mundial.

Aprendizajes

1. **Innovación continua**: Su enfoque en desarrollar constantemente productos innovadores como las suelas Waffle, Air y Flyknit destaca la importancia de la innovación constante en la industria del calzado deportivo.

2. Marketing disruptivo: La campaña "Just Do It" se convirtió en un referente, mostrando cómo un mensaje simple puede tener un impacto duradero y conectar con una amplia audiencia.

3. Asociaciones estratégicas: Colaboraciones con atletas y celebridades, especialmente con Michael Jordan para las Air Jordan, destacan la relevancia de las alianzas estratégicas para crear zapatillas de firma y generar una base de seguidores leales.

4. Valor en la calidad: Nike siempre ha mantenido altos estándares de calidad en sus productos, contribuyendo a su reputación y confianza del consumidor a lo largo del tiempo.

5. Inclusión y diversidad: Nike ha promovido la inclusión y la diversidad en sus campañas, posicionándose como una marca comprometida con causas sociales relevantes y atractivas para una audiencia diversa.

"Just Do It"

NINTENDO

"Mario Bros es el personaje de videojuegos favorito para 41,6% de los usuarios de Yahoo!"

La historia de Nintendo se remonta a su fundación en 1889 en Kioto, Japón, por Fusajiro Yamauchi. Inicialmente, la compañía fabricaba y comercializaba naipes tradicionales japoneses conocidos como "hanafuda". Bajo la dirección de Yamauchi, Nintendo se consolidó como un exitoso fabricante de cartas.

Tras la Segunda Guerra Mundial, en 1949, Hiroshi Yamauchi, nieto de Fusajiro, asumió el liderazgo de la empresa. Hiroshi transformó Nintendo, explorando diversas áreas de negocios, desde juguetes hasta taxis y hoteles, pero finalmente dirigió la empresa hacia el mercado de los juegos.

En la década de 1960, Nintendo incursionó en el entretenimiento electrónico, produciendo juguetes y juegos electromecánicos. En 1978, lanzaron el exitoso juego "Space Invaders" para consolas de arcade.

Uno de los momentos decisivos llegó en 1981 con el lanzamiento de "Donkey Kong", diseñado por Shigeru Miyamoto, que se convirtió en un éxito mundial. Esta incursión en los videojuegos llevó a Nintendo a introducir la NES (Nintendo Entertainment System) en 1983, revolucionando la industria de los videojuegos con títulos icónicos como "Super Mario Bros".

Aprendizajes

1. **Adaptabilidad y Diversificación**: Desde la fabricación de naipes hasta los videojuegos, Nintendo demostró la importancia de adaptarse y diversificar sus operaciones para mantenerse relevante en un mercado cambiante.

2. **Innovación Constante**: La compañía ha sido pionera en el desarrollo de videojuegos icónicos y consolas revolucionarias, destacando la necesidad de la innovación continua para mantenerse a la vanguardia.

3. **Apuesta por el Talento Creativo**: El reconocimiento y apoyo a talentos como Shigeru Miyamoto han sido clave en la creación de experiencias de juego únicas y exitosas.

4. **Enfoque en la Experiencia del Usuario**: La dedicación a proporcionar experiencias de juego envolventes y divertidas ha sido un sello distintivo de Nintendo, priorizando siempre la satisfacción del usuario.

5. **Resiliencia y Persistencia**: A lo largo de los años, Nintendo ha superado desafíos y fracasos, demostrando su capacidad para adaptarse, aprender de los errores y seguir adelante con determinación.

"Wii Sports"

NVIDIA

"88% de las tarjetas gráficas del Mundo"

NVIDIA fue fundada en 1993 por Jensen Huang, Chris Malachowsky y Curtis Priem, quienes compartían una visión común de transformar la industria de los gráficos computacionales. La empresa se estableció en Silicon Valley con un enfoque inicial en el diseño de chips gráficos para computadoras.

Su primer producto significativo fue el procesador gráfico NV1 en 1995, aunque el lanzamiento más destacado llegó en 1999 con la introducción de la GPU GeForce 256. Este lanzamiento marcó un hito en la industria al combinar funciones 3D avanzadas y rendimiento de vanguardia, sentando las bases para la revolución de las tarjetas gráficas.

NVIDIA se convirtió rápidamente en líder en soluciones gráficas para juegos, diseño digital y aplicaciones científicas. Con el tiempo, NVIDIA ha diversificado sus productos, incursionando en áreas como la inteligencia artificial, la computación en la nube y la conducción autónoma.

Aprendizajes

1. **Enfoque en la innovación**: Desde su fundación, NVIDIA ha priorizado la innovación tecnológica, lo que ha sido clave para su liderazgo en el mercado de tarjetas gráficas y su expansión a otras áreas como la inteligencia artificial.

2. **Adaptabilidad y diversificación**: A lo largo de los años, la empresa ha diversificado su cartera de productos y servicios, mostrando la importancia de adaptarse a las demandas cambiantes del mercado.

3. **Liderazgo visionario**: El liderazgo de Jensen Huang ha sido fundamental en la toma de decisiones estratégicas que han impulsado el crecimiento y la relevancia continua de NVIDIA en la industria de la tecnología.

4. **Aplicaciones más allá de los videojuegos**: La incursión exitosa de NVIDIA en campos como la inteligencia artificial y la computación de alto rendimiento ha demostrado la versatilidad de sus productos más allá del entretenimiento.

5. **Colaboraciones y asociaciones**: NVIDIA ha forjado asociaciones estratégicas con empresas líderes en varios sectores, mostrando cómo las colaboraciones pueden impulsar la innovación y el crecimiento empresarial.

6. **Énfasis en la excelencia tecnológica**: Su enfoque en la calidad y el rendimiento ha posicionado a NVIDIA como un referente en tecnología, destacando la importancia de la excelencia en la ingeniería y el desarrollo de productos.

"Líder mundial en computación de inteligencia artificial"

ONLYFANS

" Tres millones de creadores y 240 millones
de usuarios. Suma y sigue"

OnlyFans, lanzada en 2016 por Timothy Stokely, se estableció como una plataforma de suscripción que permite a creadores de contenido monetizar directamente su trabajo a través de suscriptores. Inicialmente, se centraba en la industria del entretenimiento para adultos, brindando a actores, modelos y otros creadores de contenido para adultos una forma de compartir material exclusivo a cambio de pagos mensuales.

A medida que creció su popularidad, se expandió a otros géneros, incluyendo artistas, músicos, chefs, entrenadores físicos y más. La plataforma les ofrece a los creadores la capacidad de compartir contenido detrás de escena, tutoriales, sesiones de preguntas y respuestas, e incluso clases en línea, permitiendo a los seguidores acceder a un contenido exclusivo mediante suscripciones pagadas o compras individuales.

El modelo de negocio de OnlyFans se basa en una división de ingresos, donde la plataforma retiene un porcentaje de los ingresos generados por los creadores. A pesar de su crecimiento y su popularidad, ha enfrentado controversias, especialmente en relación con el contenido explícito y la regulación de dicho material, lo que ha generado debates sobre la moderación del contenido y la privacidad en línea. A pesar de ello, OnlyFans ha mantenido su posición como una de las principales plataformas de contenido por suscripción en línea.

Aprendizajes

1. **Flexibilidad y diversificación**: OnlyFans comenzó con un enfoque específico en contenido para adultos pero logró expandirse hacia otros géneros.

2. **Empoderamiento de creadores de contenido**: La plataforma brinda una oportunidad para que los creadores ganen directamente de su trabajo, mostrando cómo la tecnología puede democratizar las ganancias en la creación de contenido.

3. **Modelo de suscripción y monetización**: Ha demostrado ser exitoso al permitir que los usuarios accedan a contenido exclusivo a cambio de pagos mensuales, destacando un nuevo enfoque de monetización en línea.

4. **Moderación de contenido y regulación**: La plataforma ha enfrentado desafíos relacionados con la moderación de contenido explícito y ha suscitado debates sobre la regulación y la privacidad en línea.

"Tu plataforma para contenido exclusivo
y conexiones auténticas"

OPENAI

"ChatGPT llegó a 100 Millones de Usuarios en 5 días. Google+ lo logró en 14 meses. Netflix en 3,5 años"

OpenAI fue fundada en diciembre de 2015 por un grupo de personas visionarias, entre las que se encontraban Elon Musk, Sam Altman, Greg Brockman, Ilya Sutskever, Wojciech Zaremba y John Schulman. La misión de la organización desde su inicio fue avanzar en la inteligencia artificial (IA) de manera segura y beneficiosamente para la humanidad.

OpenAI surgió como respuesta a la creciente importancia de la IA y la preocupación por sus posibles impactos negativos si no se manejaba de manera ética y segura. Los fundadores se propusieron crear una entidad que pudiera liderar el desarrollo de tecnologías de IA de vanguardia y al mismo tiempo garantizar que estos avances fueran utilizados para el beneficio de toda la sociedad.

Desde su inicio, OpenAI ha estado involucrada en investigaciones punteras en el campo de la inteligencia artificial, desarrollando modelos avanzados de lenguaje, como GPT (Generative Pre-trained Transformer).

OpenAI se ha destacado no solo por su investigación, sino también por su enfoque en la seguridad y ética en el desarrollo de la inteligencia artificial.

Aprendizajes

1. **Enfoque en el Bien Común**: OpenAI nació con un compromiso firme de desarrollar la IA de manera segura y beneficiosa para la humanidad.

2. **Colaboración y Transparencia**: La organización ha promovido la colaboración entre investigadores y la transparencia en sus descubrimientos.

3. **Énfasis en la Ética**: OpenAI ha subrayado la importancia de considerar las implicaciones éticas de la IA, abogando por prácticas responsables en el desarrollo y despliegue de tecnologías de inteligencia artificial.

4. **Investigación Continua**: La organización se ha comprometido con la investigación continua y la mejora constante de sus modelos.

5. **Conciencia de Riesgos**: OpenAI ha demostrado una conciencia clara de los riesgos potenciales asociados con la IA avanzada, abogando por una supervisión y regulación cuidadosa para minimizar estos riesgos.

6. **Impacto Positivo**: El enfoque central de OpenAI ha sido siempre trabajar para el beneficio de la sociedad, buscando maximizar el impacto positivo de la IA en diversos ámbitos y asegurándose de que los avances tecnológicos beneficien a la humanidad en su conjunto.

"Avanzando en la IA de manera ética y responsable"

ORACLE

"135.000 empleados en 2020"

Oracle Corporation es conocida principalmente por su software de bases de datos. La empresa fue fundada en 1977 por Larry Ellison, Bob Miner y Ed Oates. Su producto inicial fue la primera versión comercial de la base de datos Oracle Database, lanzada en 1979.

El gran avance de Oracle fue la creación de un sistema de gestión de bases de datos relacionales (RDBMS) eficiente y escalable. Esta tecnología permitió a las empresas almacenar y recuperar grandes cantidades de datos de manera rápida y confiable. La base de datos Oracle se convirtió en una parte fundamental de la infraestructura de tecnología de la información para empresas y organizaciones en todo el mundo, impulsando el almacenamiento de datos y la gestión empresarial.

Además de sus productos de base de datos, Oracle también ha desarrollado una amplia gama de software empresarial, incluidos sistemas de gestión de recursos empresariales (ERP), aplicaciones en la nube, herramientas de análisis y mucho más. Esta amplia cartera de productos ha contribuido a su prominencia en el mercado de software empresarial.

Aprendizajes

1. **Innovación Tecnológica**: La creación de una base de datos relacional eficiente marcó un hito en la gestión de datos empresariales.

2. **Escalabilidad y Fiabilidad**: Oracle se convirtió en sinónimo de bases de datos escalables y confiables, esenciales para empresas de todos los tamaños.

3. **Diversificación de Productos**: A lo largo del tiempo, la empresa diversificó su cartera de productos, incluyendo software ERP, aplicaciones en la nube y herramientas analíticas.

4. **Enfoque en el Cliente**: Su software está diseñado para resolver problemas empresariales y facilitar la gestión de datos, priorizando las necesidades del cliente.

5. **Adaptación al Mercado**: Oracle ha evolucionado con el tiempo para adaptarse a las tendencias tecnológicas y a las necesidades cambiantes de las empresas.

6. **Posicionamiento Global**: Su presencia en todo el mundo ha establecido una marca líder en el mercado global de software empresarial.

"Oracle: The Power to Know"

PAMPERS

"Se consumen 8.000 Millones de kg de pañales desechables al año"

Marion Donovan, una madre e inventora estadounidense, revolucionó la crianza de los bebés al patentar el primer pañal desechable. En la década de 1950, mientras cuidaba a sus hijos, Marion se dio cuenta de las incomodidades de los pañales de tela y se propuso encontrar una solución más práctica.

Su invento, un pañal desechable hecho de material absorbente y cubierto con una capa impermeable, fue patentado en 1951. A pesar de enfrentar inicialmente la incredulidad de muchas empresas, logró vender la patente a diferentes compañías, incluida Procter & Gamble (P&G).

La innovación de Donovan sentó las bases para lo que eventualmente se convertiría en Pampers. P&G refinó su diseño y lanzó al mercado los pañales Pampers en la década de 1960, transformando la forma en que los padres cuidaban a sus bebés.

Este invento revolucionario fue fundamental para el éxito de Pampers, convirtiéndose en una marca líder en la industria del cuidado infantil. Marion Donovan, a través de su ingenio y persistencia, dejó un legado duradero en el mundo de la crianza de los hijos.

Aprendizajes

1. **Innovación en la crianza**: Pampers representa la innovación en un área tradicional como la crianza de los bebés. Demuestra cómo las soluciones innovadoras pueden transformar sectores arraigados y mejorar la calidad de vida de las personas.

2. **Identificación de necesidades**: La historia de Marion Donovan y Pampers resalta la importancia de identificar necesidades no resueltas en la vida cotidiana.

3. **Persistencia**: La persistencia y la tenacidad de Donovan son ejemplos poderosos. A pesar de enfrentar escepticismo y desafíos, persistió para llevar su idea adelante. Esta determinación es fundamental para superar obstáculos y llevar innovaciones al mercado.

4. **Colaboración**: La asociación con empresas que tenían la capacidad de llevar su idea al mercado fue fundamental. Esta colaboración demuestra cómo las alianzas estratégicas pueden convertir una invención en un producto accesible y exitoso.

5. **Impacto social**: Pampers cambió la forma en que los padres cuidaban a sus bebés. Destaca cómo una innovación puede tener un impacto significativo en la vida diaria y en la comodidad de las personas.

"Gracias, Mamá"

PAYPAL

"2020: Se procesaron 12.500 Millones de Transacciones"

PayPal, fundada en 1998 como Confinity, buscaba facilitar los pagos en línea. Posteriormente, en el 2000, se fusionó con X.com, una compañía financiera fundada por Elon Musk. La visión de Musk para X.com era convertirla en un banco en línea, pero el enfoque se centró en el servicio de pagos por correo electrónico que ofrecía Confinity. Tras la fusión, la compañía adoptó el nombre de PayPal.

A lo largo de los años, PayPal se convirtió en un método de pago dominante en línea, proporcionando una plataforma segura y sencilla para transacciones financieras en todo el mundo. Fue pionera en la simplificación de los pagos electrónicos y la transferencia de dinero entre individuos, empresas y vendedores en línea. En 2002, fue adquirida por eBay, lo que impulsó su popularidad al convertirse en el método de pago principal en el sitio de subastas.

El modelo de negocio de PayPal se basa en ofrecer transacciones seguras y rápidas, ampliando su alcance internacional y adaptándose a las necesidades cambiantes del comercio electrónico y los pagos digitales. Además, ha diversificado sus servicios, incluyendo pagos móviles y soluciones financieras para empresas.

Aprendizajes

1. **Facilitación de pagos**: Simplificar las transacciones en línea para una audiencia amplia.

2. **Seguridad**: Establecer medidas sólidas contra el fraude y proteger datos financieros.

3. **Adaptabilidad**: Ajustarse a las tendencias del mercado y las necesidades de los usuarios.

4. **Expansión global**: Adaptarse a regulaciones y culturas diversas para crecer internacionalmente.

5. **Independencia estratégica**: Evolucionar como empresa independiente para innovar y crecer.

6. **Innovación continua**: Permanecer a la vanguardia de los servicios financieros mediante la exploración de nuevas tecnologías y soluciones.

"New Money"

PELOTON

" 6,4 millones de suscriptores"

Peloton es una empresa fundada en 2012 por John Foley, Tom Cortese, Graham Stanton, Yony Feng y Hisao Kushi, con sede en Nueva York. La idea surgió cuando John Foley, un exejecutivo de Barnes & Noble, estaba buscando una manera conveniente de mantenerse en forma mientras equilibraba su vida laboral y familiar.

La visión de Peloton era ofrecer una experiencia de fitness completa en el hogar mediante el uso de tecnología y streaming en vivo. La empresa lanzó su primer producto, la bicicleta estática Peloton, equipada con una pantalla táctil que permitía a los usuarios acceder a clases en vivo y bajo demanda dirigidas por instructores profesionales desde la comodidad de sus hogares.

A medida que ganó popularidad, Peloton expandió su oferta de productos a otras modalidades de ejercicio, como cintas de correr y clases de entrenamiento en fuerza y yoga. La plataforma se centró en la interactividad y la comunidad, permitiendo a los usuarios participar en clases en vivo, competir con otros usuarios y seguir sus progresos a lo largo del tiempo.

La empresa ha sido reconocida por su enfoque en la calidad de las clases, la comunidad activa de usuarios y la comodidad de poder acceder a entrenamientos de calidad desde casa

Aprendizajes

1. **Conveniencia y accesibilidad:** Peloton capitalizó la necesidad de la comodidad en el fitness al ofrecer entrenamientos de calidad desde casa, eliminando las barreras de tiempo y ubicación para mantenerse en forma.

2. **Tecnología y streaming en vivo**: La combinación de hardware de calidad con una plataforma de streaming en vivo y bajo demanda fue esencial para ofrecer una experiencia de fitness interactiva y atractiva.

3. **Comunidad y participación**: La creación de una comunidad activa y la posibilidad de competir y seguir el progreso personal ha sido fundamental para mantener a los usuarios comprometidos y motivados.

4. **Diversificación de productos y servicios**: La expansión de su oferta de productos, incluyendo cintas de correr y entrenamientos de fuerza, demostró la importancia de adaptarse a las necesidades cambiantes de los usuarios.

5. **Enfoque en la calidad**: La empresa se ha destacado por la calidad de sus clases, la experiencia del usuario y el servicio al cliente, estableciendo un estándar alto en la industria del fitness en el hogar.

"Workouts Streamed Live & On-Demand"

PFIZER

"2019: Facturación de 500 millones $"

La historia del Viagra comienza como un medicamento diseñado originalmente para tratar la hipertensión arterial y enfermedades cardíacas. Fue desarrollado por científicos de la compañía farmacéutica Pfizer en el Reino Unido y Estados Unidos. Durante los ensayos clínicos a finales de la década de 1980, se descubrió que el sildenafil, el componente activo del Viagra, tenía efectos secundarios inesperados pero significativos: mejoraba la función eréctil en hombres.

En 1998, la Administración de Alimentos y Medicamentos de Estados Unidos (FDA) aprobó el Viagra como tratamiento para la disfunción eréctil, convirtiéndose rápidamente en un fenómeno cultural y un éxito comercial. Su lanzamiento revolucionó el tratamiento de la disfunción eréctil, ofreciendo una solución farmacológica efectiva y fácil de usar para millones de hombres en todo el mundo.

El Viagra generó una enorme demanda y se convirtió en uno de los medicamentos más recetados en la historia, catapultando a Pfizer a un gran éxito financiero. A lo largo de los años, ha sido objeto de numerosos debates sobre la salud sexual masculina y la ética médica, al tiempo que ha sido una solución efectiva para muchos hombres que enfrentan dificultades de erección.

Aprendizajes

1. **Serendipia en la ciencia**: El descubrimiento del Viagra como tratamiento para la disfunción eréctil surgió como un

efecto secundario inesperado durante ensayos clínicos para otra condición médica. Destaca cómo la serendipia puede conducir a descubrimientos significativos.

2. **Adaptación y reenfoque**: Pfizer reconoció el potencial del sildenafil para una nueva aplicación médica y reorientó su enfoque hacia el tratamiento de la disfunción eréctil, mostrando la importancia de adaptarse y aprovechar oportunidades inesperadas.

3. **Impacto cultural y comercial**: El Viagra no solo fue un avance médico, sino que también tuvo un impacto cultural significativo al abordar un tema antes tabú. Su éxito comercial demuestra cómo la innovación puede conducir a productos altamente demandados.

4. **Debate y ética**: El Viagra generó debates sobre la salud sexual, la ética médica y la medicalización de la sexualidad, resaltando la importancia de considerar los aspectos sociales y éticos de los avances médicos.

5. **Mejora en la calidad de vida**: Para muchos hombres, el Viagra ha significado una mejora significativa en su calidad de vida, lo que subraya cómo los avances médicos pueden tener un impacto positivo en la salud y el bienestar.

" La famosa pastilla azul "

PITTSBURGH GLASS COMPANY

" 140 plantas de fabricación en más de 60 países."

La Pittsburgh Glass Company, fundada en 1883 en Pittsburgh, Pensilvania, se convirtió en un líder en la producción de vidrio en los Estados Unidos. Su fundador, John Baptiste Ford, un empresario visionario, creó la empresa para aprovechar la creciente demanda de productos de vidrio en la industria de envases y botellas.

Implementó técnicas innovadoras en la fabricación de vidrio, utilizando hornos más eficientes para producir botellas, frascos y envases de alta calidad. Se destacaron por la producción masiva de envases de vidrio, siendo pioneros en la fabricación industrializada de botellas para bebidas, alimentos y productos farmacéuticos.

La ubicación estratégica en Pittsburgh permitió un acceso conveniente a materias primas como arena, cal y minerales esenciales para la fabricación de vidrio. Esto impulsó el crecimiento y la expansión de la empresa, convirtiéndola en un actor clave en la industria del vidrio a nivel nacional.

A lo largo de los años, continuó innovando en la producción de botellas y envases de vidrio, contribuyendo al desarrollo de la industria del envasado y estableciendo estándares en la fabricación para una amplia gama de productos.

Aprendizajes

1. **Innovación en Fabricación**: La empresa destacó por su enfoque innovador en la producción de vidrio, utilizando tecnologías avanzadas para fabricar botellas y envases de alta calidad en grandes cantidades.

2. **Visión Empresarial**: El fundador, John Baptiste Ford, demostró una visión empresarial sólida al establecer la empresa en una región estratégica y capitalizar la creciente demanda de envases de vidrio.

3. **Impacto en la Industria**: Su liderazgo en la fabricación industrializada de botellas sentó las bases para los estándares de calidad y producción en la industria del envasado.

4. **Importancia de la Ubicación**: La elección del emplazamiento estratégico en Pittsburgh permitió un acceso conveniente a materias primas esenciales, facilitando la producción y contribuyendo al éxito de la empresa.

5. **Legado Duradero**: Su legado perdura como un hito en la industria del vidrio, destacando la importancia de la innovación, la visión empresarial y la calidad en la fabricación de envases de vidrio a gran escala.

"Un Legado de Innovación y Calidad en la Fabricación de Envases de Vidrio"

PLAYBOY

"60 Millones de Revistas Vendidas y 750.000 miembros del Club Playboy"

Playboy fue fundada por Hugh Hefner y su primer número se publicó en diciembre de 1953. Hefner, un editor y empresario estadounidense, tuvo la visión de crear una revista dirigida a hombres que incluyera artículos de calidad, entrevistas, y también presentara fotografías de mujeres hermosas en un estilo artístico y elegante.

El primer número de Playboy destacó por tener en su portada a Marilyn Monroe y contenía el famoso "Centrefold" con una fotografía de Monroe desnuda. Esta edición tuvo un gran éxito y estableció el tono para la marca Playboy en los años venideros.

Hugh Hefner se convirtió en una figura icónica y Playboy se expandió no solo como una revista, sino también como una marca de estilo de vida que incluía clubs nocturnos, productos de merchandising y, eventualmente, contenido en línea. Aunque Playboy enfrentó críticas y controversias, especialmente por su enfoque en la desnudez, se consolidó como un nombre influyente en la cultura popular. La marca Playboy continúa siendo reconocida en todo el mundo.

Aprendizajes

1. **Identificar un Nicho de Mercado**: Hugh Hefner identificó una brecha en el mercado y creó una revista que ofrecía un enfoque diferente en comparación con otras publicaciones dirigidas a

hombres en esa época.

2. Contenido y Presentación: Playboy demostró la importancia de ofrecer un contenido variado y de calidad, combinando artículos de interés con fotografía artística, lo que atrajo a una audiencia más amplia.

3. Marketing y Branding: La imagen de Playboy se convirtió en un símbolo cultural gracias a una combinación de estrategias de marketing audaces y una marca icónica, estableciéndose como una marca de estilo de vida.

4. Adaptación a los Cambios: A lo largo de los años, Playboy se adaptó a las transformaciones culturales y tecnológicas, expandiéndose a otros sectores como los clubs nocturnos, productos de merchandising y presencia en línea.

5. Controversia y Repercusión Cultural: La revista enfrentó críticas y controversias, lo que demuestra cómo una marca puede ser influyente, tanto positiva como negativamente, en la cultura popular y en la sociedad en general.

"La vida es muy corta como para vivirla de otra manera que no sea como un rey"

POLAROID CORPORATION

"La Hija de Landa no quería esperar para ver las fotos"

Edwin H. Land fue un inventor y científico estadounidense, reconocido por ser el fundador de Polaroid Corporation y por su invención de la película fotográfica instantánea y las lentes polarizadas. Land fundó Polaroid en 1937 con el objetivo inicial de desarrollar filtros polarizadores para gafas de sol, pero su enfoque se expandió hacia la fotografía instantánea.

En 1947, Polaroid lanzó la primera cámara instantánea, la "Land Camera", que permitía a los usuarios tomar fotografías y obtener imágenes instantáneas reveladas en minutos. Este invento revolucionó la fotografía, ofreciendo una manera rápida y conveniente de capturar momentos sin necesidad de procesamiento externo.

La innovación más famosa de Land fue la lente polarizada, desarrollada inicialmente para gafas de sol pero que encontró una amplia gama de aplicaciones en óptica, fotografía y visión. Las lentes polarizadas reducen el resplandor y mejoran la claridad visual al filtrar la luz que incide en los ojos, lo que las convierte en un componente esencial en gafas de sol, cámaras y otros dispositivos ópticos.

El legado de Edwin H. Land no solo se basa en sus inventos, sino también en su visión empresarial y su habilidad para llevar la innovación al mercado. Durante décadas, Polaroid fue líder en el mercado de la fotografía instantánea y sus productos se convirtieron en iconos de la cultura visual.

Aprendizajes

1. **Innovación visionaria**: Land demostró cómo la visión e innovación pueden transformar industrias enteras con conceptos revolucionarios como la película fotográfica instantánea y las lentes polarizadas.

2. **Adaptación al mercado**: La capacidad de adaptarse y diversificar productos, pasando de filtros polarizadores para gafas de sol a la fotografía instantánea, muestra cómo enfocarse en la demanda del mercado lleva al éxito.

3. **Impacto duradero**: Las invenciones de Land dejaron un legado duradero en la fotografía y la óptica moderna, demostrando cómo las innovaciones pueden trascender generaciones y seguir siendo relevantes.

4. **Desafíos del cambio tecnológico**: La historia de Polaroid también refleja cómo las compañías deben adaptarse a los cambios tecnológicos para mantener su relevancia en un mercado en constante evolución.

"1948: primera cámara instantánea"

PORSCHE

*"Porsche 911: 8 generaciones que han
vendido 1 millón de unidades"*

Ferdinand Porsche, nacido el 3 de septiembre de 1875 en Bohemia (parte del Imperio Austrohúngaro, actual República Checa), fue un ingeniero automotriz influyente y visionario. Comenzó su carrera como aprendiz de mecánico y luego se convirtió en un ingeniero líder en el campo de los automóviles y la ingeniería automotriz.

En 1931, fundó su propia empresa de diseño de ingeniería, Porsche GmbH, que más tarde se convertiría en Porsche AG, conocida por sus automóviles deportivos de alto rendimiento. Uno de sus primeros logros notables fue el diseño del Volkswagen Beetle, un automóvil icónico que se convirtió en un símbolo de la movilidad accesible.

Durante la Segunda Guerra Mundial, su empresa estuvo involucrada en el diseño de vehículos militares, incluido el famoso tanque Tiger y el coche de combate "Elefant". Tras la guerra, fue detenido brevemente por su conexión con el régimen nazi.

Su legado más duradero fue la fundación de la compañía Porsche y el diseño del Porsche 356, el primer automóvil de producción de la marca. Este modelo sentó las bases para una larga línea de automóviles deportivos de alto rendimiento que llevaron su nombre y se convirtieron en símbolos de ingeniería y diseño excepcionales.

Aprendizajes

1. **Innovación constante**: La marca Porsche se ha destacado por su continua innovación en diseño y rendimiento automotriz, manteniendo una reputación de excelencia.

2. **Herencia y evolución**: A lo largo de los años, Porsche ha mantenido una conexión con su herencia, manteniendo la esencia de sus modelos icónicos mientras se adapta a las demandas modernas.

3. **Compromiso con la calidad:** La dedicación de Porsche a la calidad y la artesanía ha sido una constante en su producción, creando automóviles reconocidos por su precisión y rendimiento.

4. **Versatilidad en el diseño**: La capacidad de Porsche para fabricar automóviles que pueden servir tanto para el uso diario como para las carreras ha demostrado su versatilidad y adaptabilidad.

5. **Pasión y comunidad**: La marca ha fomentado una comunidad apasionada de entusiastas, conectados por el amor a la ingeniería automotriz y la experiencia de conducción que ofrece un Porsche.

"911, uno de los coches más deseados del mundo, junto al Ferrari 250 GTO"

PROCTER & GAMBLE

" Más de 60 Marcas que ganan 14.742 Millones $"

Procter & Gamble (P&G) fue fundada en 1837 por dos cuñados, William Procter, un fabricante de velas, y James Gamble, un fabricante de jabón, en Cincinnati, Ohio, EE. UU. Inicialmente, la compañía fabricaba velas y jabones, pero en la década de 1850, durante la Guerra Civil estadounidense, comenzó a producir productos alimenticios y suministros para el ejército.

P&G se destacó por su innovación en publicidad y marketing, introduciendo técnicas innovadoras para promover sus productos a través de anuncios impresos y radiofónicos en las primeras décadas del siglo XX.

A lo largo de los años, la empresa ha diversificado su cartera de productos, adquiriendo marcas reconocidas mundialmente como Tide, Crest, Pampers, Gillette y muchas otras. Esto la convirtió en una de las compañías de bienes de consumo más grandes del mundo, ofreciendo una amplia gama de productos en categorías como cuidado del hogar, cuidado personal y cuidado de la salud.

P&G ha seguido innovando en productos y marketing, adaptándose a las necesidades cambiantes de los consumidores y expandiéndose a nivel global. Su enfoque en la calidad, la innovación y la expansión estratégica ha contribuido a su éxito continuo como líder en la industria de bienes de consumo.

Aprendizajes

1. **Innovación en marketing**: P&G fue pionera en técnicas publicitarias innovadoras, marcando el camino para la publicidad moderna y demostrando la importancia de una estrategia de marketing efectiva.

2. **Diversificación estratégica**: La capacidad de P&G para diversificar su cartera de productos, adquiriendo marcas exitosas, muestra cómo la expansión estratégica puede fortalecer una empresa.

3. **Adaptación al cambio**: La empresa ha demostrado su capacidad para adaptarse a las necesidades cambiantes de los consumidores y las tendencias del mercado.

4. **Enfoque en la calidad**: P&G se ha destacado por su énfasis en la calidad de sus productos, construyendo una reputación de confianza y excelencia entre los consumidores.

5. **Innovación continua**: La empresa ha seguido innovando en la creación de nuevos productos y enfoques para mantener su posición como líder en la industria de bienes de consumo, demostrando la importancia de la innovación constante.

"Nivel Superior, pero Honesto"

RED BULL

"Stratos: Felix Baumgartner salta 39.000 metros"

L a idea para la bebida energética Red Bull se originó durante un viaje de negocios de Mateschitz a Tailandia en los años 80. Durante su estancia, notó que los trabajadores tailandeses consumían una bebida local llamada Krating Daeng para combatir el cansancio y mejorar su energía.

Mateschitz, junto con Chaleo Yoovidhya, quien era el dueño de Krating Daeng, trabajaron juntos para adaptar la fórmula y el concepto de la bebida tailandesa para el mercado occidental. Juntos fundaron Red Bull GmbH en Austria en 1984, y ese fue el inicio de la marca Red Bull tal como la conocemos hoy en día.

Su fórmula única contiene cafeína, taurina, vitaminas y azúcar, diseñada para proporcionar un impulso de energía. La estrategia de marketing innovadora de Red Bull, que se enfocó en eventos extremos y patrocinios deportivos, catapultó su éxito.

El patrocinio de deportes de aventura y la creación de eventos únicos, como el Red Bull Stratos, donde Felix Baumgartner saltó desde la estratósfera, han fortalecido su imagen.

Red Bull se ha diversificado con productos relacionados, como bebidas energéticas sin azúcar, y ha incursionado en los deportes electrónicos con su equipo Red Bull Racing. Además, la marca se ha expandido a otras áreas como la producción de contenido y la gestión de equipos deportivos, convirtiéndose en un gigante de la cultura juvenil y el entretenimiento.

Aprendizajes

1. **Innovación en Marketing**: Red Bull destacó por su enfoque innovador en marketing, utilizando eventos extremos y patrocinios para promover la marca, demostrando la importancia de la creatividad en la comercialización de productos.

2. **Construcción de Marca**: La estrategia de asociar la marca con la aventura, deportes extremos y cultura juvenil fue fundamental para su éxito.

3. **Diversificación**: La capacidad de diversificar su oferta, expandiendo la marca a diferentes áreas como bebidas sin azúcar, deportes electrónicos y producción de contenido, demostró la importancia de adaptarse a las necesidades cambiantes del mercado.

4. **Enfoque en la Experiencia del Consumidor**: Red Bull se centró en crear experiencias únicas para los consumidores a través de eventos y actividades, resaltando la importancia de conectar emocionalmente con la audiencia.

"Red Bull te da alas"

ROBINHOOD

"17,3 Millones de Usuarios Activos al Mes"

L Robinhood, una plataforma de inversión sin comisiones, fue fundada en 2013 por Baiju Bhatt y Vlad Tenev. La idea surgió de su propia experiencia en el mundo financiero, observando cómo las comisiones altas y las barreras de entrada dificultaban que las personas invirtieran en el mercado de valores. Su objetivo era democratizar la inversión, permitiendo a cualquier persona, independientemente de su nivel de ingresos, acceder al mercado bursátil.

Lanzaron la aplicación Robinhood en 2015, ofreciendo operaciones bursátiles sin comisiones, lo que rompió con el modelo tradicional de corretaje que cobraba tarifas por cada transacción. Esto atrajo a una base de usuarios más amplia, especialmente a los jóvenes inversores interesados en comenzar a invertir con sumas pequeñas y sin preocuparse por las comisiones.

La interfaz de usuario intuitiva y el enfoque en la simplicidad atrajeron a una nueva generación de inversores, convirtiéndose en una opción popular para aquellos que buscaban invertir en acciones, criptomonedas y otros activos financieros. A pesar de algunos desafíos regulatorios y controversias, Robinhood ha seguido creciendo y se ha mantenido como una plataforma influyente en el mundo de la inversión minorista.

Aprendizajes

1. **Accesibilidad financiera**: Robinhood revolucionó el mundo de la inversión al ofrecer operaciones sin comisiones, eliminando las barreras de entrada para los inversores con presupuestos más pequeños y atrayendo a una nueva generación de participantes en el mercado.

2. **Simplicidad y usabilidad**: Su interfaz fácil de usar y su enfoque en la simplicidad atrajeron a una base de usuarios más amplia, especialmente a los jóvenes inversores, demostrando la importancia de la facilidad de uso en las plataformas financieras.

3. **Democratización de la inversión**: Al permitir que cualquiera pueda invertir en el mercado bursátil, Robinhood democratizó la inversión, fomentando una mayor participación en las finanzas y educando a los usuarios sobre las inversiones.

4. **Educación financiera**: Robinhood ha resaltado la importancia de la educación financiera, ya que los usuarios, especialmente los nuevos inversores, buscan información y orientación para tomar decisiones informadas.

"Make your money do the most"

SAMSUNG

"2023: Marca de smartphones más vendida del mundo"

Samsung se fundó en 1938 en Corea del Sur como una pequeña empresa de exportación e importación de productos, principalmente alimentos secos y pescado seco. Fue fundada por Lee Byung-chul, quien más tarde diversificó el negocio hacia otras industrias, incluyendo textiles, aseguradoras y electrónica.

En la década de 1960, Samsung incursionó en la industria de la electrónica, fabricando electrodomésticos y televisores en Corea del Sur. A lo largo de los años, la compañía se expandió rápidamente y diversificó sus productos hacia semiconductores, chips de memoria y dispositivos móviles.

La década de 1990 marcó un hito con el lanzamiento de los primeros teléfonos móviles Samsung, y la empresa siguió innovando con televisores, electrodomésticos y productos digitales. Además, Samsung se convirtió en uno de los líderes en la producción de chips de memoria y pantallas, consolidándose como una potencia tecnológica a nivel mundial.

Pero quizás uno de los datos más importantes es que Samsung es una de las empresas con más patentes del mundo. Solo en 2022 ha conseguido 6.248 patentes.

Aprendizajes

1. **Diversificación estratégica**: Desde sus inicios como una empresa de exportación de alimentos, Samsung ha demostrado

cómo la diversificación estratégica en múltiples industrias puede fortalecer una compañía y su resistencia ante cambios en el mercado.

2. **Innovación continua**: Samsung ha mantenido su relevancia a través de una constante innovación en tecnología, desde la electrónica de consumo hasta los chips de memoria y pantallas, mostrando la importancia de la investigación y el desarrollo.

3. **Adaptabilidad al mercado**: La empresa ha sido ágil para adaptarse a las demandas cambiantes del mercado, desde la fabricación de electrodomésticos hasta la incursión en la telefonía móvil y la tecnología digital.

4. **Enfoque en la calidad**: Samsung ha enfocado su estrategia en ofrecer productos de alta calidad, consolidando su reputación como un fabricante confiable en el mercado tecnológico global.

5. **Superación de desafíos**: A pesar de enfrentar desafíos y controversias, Samsung ha demostrado su capacidad para recuperarse y continuar su crecimiento a través de la resiliencia y la gestión efectiva de crisis.

"Inspire the World, Create the Future"

SCHWEPPE & SCHWABE

"El famoso cartel de Schwepps de la Gran Vía de Madrid fue instalado en 1972"

Johann Jacob Schweppe, nacido en 1740 en Alemania, fue un relojero, orfebre y empresario suizo conocido por su contribución significativa a la producción comercial del agua carbonatada.

Después de completar su aprendizaje en Alemania, Schweppe se trasladó a Ginebra, Suiza, donde comenzó a trabajar en relojería y orfebrería. Durante su tiempo en Ginebra, se interesó por los procesos de carbonatación y la fabricación de agua carbonatada.

En 1783, Schweppe se estableció en Londres y fundó Schweppe & Schwabe para producir agua carbonatada a gran escala. Implementó métodos más eficientes para la producción de agua con gas utilizando máquinas de carbonatación, lo que permitió una producción de mayor calidad.

El agua carbonatada Schweppe marcó un hito en la historia de las bebidas carbonatadas. Su producto se volvió muy popular entre la élite londinense y eventualmente se expandió a nivel internacional.

Posteriormente, el nombre de la empresa se simplificó a "Schweppes", bajo el cual la marca se hizo famosa por su agua con gas y otras bebidas carbonatadas.

Aprendizajes

1. **Innovación empresarial**: Schweppe demostró cómo unir conocimientos técnicos con la visión empresarial puede llevar a la creación de un producto innovador y exitoso.

2. **Perseverancia y emprendimiento**: A pesar de las dificultades iniciales, Schweppe persistió en la creación y perfeccionamiento de la producción de agua carbonatada, lo que destaca la importancia de la perseverancia en el emprendimiento.

3. **Calidad y prestigio**: La marca Schweppes se convirtió en sinónimo de calidad y prestigio en el mercado de las bebidas carbonatadas, mostrando cómo mantener altos estándares puede ser crucial para el éxito empresarial a largo plazo.

4. **Innovación continua**: Schweppe no solo creó un producto innovador, sino que también buscó mejorar y perfeccionar los procesos de producción, destacando la importancia de la innovación constante para mantener la relevancia en el mercado.

5. **Legado duradero**: La marca Schweppes continúa siendo reconocida y valorada en la actualidad, lo que demuestra cómo un legado empresarial sólido puede perdurar a lo largo del tiempo.

"Refresca la sed desde 1783"

SHOPIFY

"1.700.000 tiendas online en 175 países"

Shopify nació en 2006 de la mano de Tobias Lütke, Daniel Weinand y Scott Lake después de que Lütke, quien era propietario de una tienda en línea, se frustrara con las plataformas de comercio electrónico disponibles en ese momento. Aprovechando su experiencia en desarrollo de software, Lütke decidió crear su propia plataforma para satisfacer sus necesidades y las de otros comerciantes en línea.

Inicialmente, la plataforma fue desarrollada para vender tablas de snowboard, pero pronto evolucionó hacia una solución de comercio electrónico completa y versátil. En 2006, lanzaron la primera versión de Shopify y, gracias a su enfoque en la facilidad de uso, personalización y herramientas poderosas para los comerciantes, rápidamente ganó popularidad.

Con el tiempo, Shopify se convirtió en una de las plataformas líderes en comercio electrónico a nivel mundial, permitiendo a individuos y empresas de todos los tamaños crear y gestionar sus tiendas en línea de manera efectiva y exitosa. Su enfoque en la simplicidad, combinado con herramientas de marketing y soporte al cliente, ha llevado a Shopify a ser una potencia en el mundo del comercio electrónico.

Aprendizajes

1. **Empoderamiento Empresarial**: La plataforma demostró cómo la tecnología puede empoderar a emprendedores y comerciantes, brindándoles una solución accesible para lanzar y

gestionar sus propias tiendas en línea.

2. Simplicidad y Personalización: Shopify se destacó por su interfaz intuitiva y la capacidad de personalización, permitiendo a los usuarios crear tiendas únicas y adaptadas a sus necesidades sin requerir conocimientos técnicos profundos.

3. Escalabilidad y Flexibilidad: La plataforma ha demostrado ser escalable, atendiendo tanto a pequeños comerciantes como a empresas en crecimiento.

4. Soporte al Cliente y Recursos: Shopify ha priorizado el soporte al cliente, ofreciendo recursos educativos, herramientas de marketing y asistencia para ayudar a los comerciantes a tener éxito en el competitivo mundo del comercio electrónico.

5. Impacto en la Economía Digital: El impacto de Shopify ha sido significativo, facilitando el crecimiento del comercio en línea y fomentando la innovación en el ámbito empresarial, especialmente durante la era digital actual.

"Empieza, vende, ¡crece!"

SIKORSKY AIRCRAFT CORPORATION

"Lockheed Martin la compró por 9.000 Millones $ "

La Sikorsky Aircraft Corporation, fundada por el ingeniero Igor Sikorsky en 1923, ha sido un pilar en la historia de la aviación, especialmente en el desarrollo y fabricación de helicópteros. Comenzando con su interés en la aviación desde principios del siglo XX, Sikorsky se convirtió en un pionero en el diseño de aeronaves, destacándose por su enfoque en los helicópteros.

En 1939, Sikorsky logró vuelos exitosos con su modelo VS-300, uno de los primeros helicópteros operativos. A lo largo de los años, la compañía se enfocó en la innovación y la mejora de la tecnología de helicópteros, desarrollando modelos como el R-4, que se convirtió en el primer helicóptero producido en masa.

Sikorsky Aircraft Corporation se ganó una reputación mundial por su excelencia en el diseño y la fabricación de helicópteros, utilizados en diversas aplicaciones, desde misiones militares hasta servicios de emergencia y transporte civil.

En 2015, Sikorsky fue adquirida por Lockheed Martin, manteniendo su enfoque en la innovación y la producción de helicópteros avanzados. La empresa ha continuado siendo líder en tecnología aeroespacial, desarrollando helicópteros que han dejado una marca duradera en la historia de la aviación y han sido fundamentales en operaciones aéreas en todo el mundo.

Aprendizajes

1. **Innovación en helicópteros**: Sikorsky ha sido pionera en el diseño y desarrollo de helicópteros avanzados, demostrando la importancia de la innovación constante en la aviación.

2. **Enfoque en la calidad**: La compañía ha mantenido un énfasis sólido en la calidad de sus productos, resaltando la importancia de la excelencia y fiabilidad en la fabricación de aeronaves.

3. **Aprendizaje de la historia**: Sikorsky ha extraído lecciones valiosas de su propia historia, reconociendo la importancia de construir sobre éxitos pasados y aprender de errores.

4. **Adaptación tecnológica**: La empresa ha demostrado la importancia de adaptarse y adoptar tecnologías emergentes para mejorar sus diseños y mantenerse a la vanguardia en la industria.

5. **Colaboración y trabajo en equipo**: Sikorsky ha enfatizado el trabajo en equipo y la colaboración entre ingenieros, diseñadores y personal técnico para lograr avances significativos en la aviación.

"A 100-year legacy of innovation"

SONY

"500 Millones de PlayStation vendidas"

La historia de Sony y la PlayStation está marcada por la visión innovadora de Ken Kutaragi, quien desempeñó un papel fundamental en el desarrollo de esta icónica consola de videojuegos. En la década de 1980, Kutaragi propuso la idea de utilizar tecnología de CD-ROM en consolas de videojuegos, lo que eventualmente llevó a la colaboración de Sony con Nintendo. Aunque esta asociación fracasó, Kutaragi continuó con su visión y lideró el equipo de desarrollo de la primera PlayStation.

El lanzamiento de la PlayStation en 1994 fue revolucionario. La consola incorporaba una tecnología de vanguardia, tenía un enfoque en juegos en 3D y ofrecía una amplia gama de títulos. Este éxito continuó con versiones posteriores de la PlayStation, marcando el dominio de Sony en el mercado de las consolas de videojuegos. Kutaragi también desempeñó un papel clave en el desarrollo de su sucesora, la PlayStation 2, que se convirtió en una de las consolas más vendidas de todos los tiempos.

La visión innovadora de Kutaragi y su capacidad para impulsar tecnologías avanzadas en la industria de los videojuegos fueron fundamentales para el éxito de Sony en este campo, consolidando su lugar como un líder en el entretenimiento interactivo.

Aprendizajes

1. **Visión e innovación**: La visión de Ken Kutaragi y su

determinación muestran cómo una idea innovadora puede transformarse en un éxito revolucionario.

2. **Adaptabilidad y perseverancia**: A pesar de los desafíos, Sony mantuvo su enfoque en el desarrollo de su propia consola, lo que destaca la importancia de la adaptabilidad y la perseverancia ante obstáculos.

3. **Tecnología avanzada**: La PlayStation destacó por su tecnología avanzada, evidenciando la importancia de invertir en innovación tecnológica para mantenerse relevante en la industria.

4. **Enfoque en el usuario**: La PlayStation priorizó la experiencia del jugador y la variedad de títulos, lo que fue clave para construir una base de seguidores leales.

5. **Impacto cultural**: Más allá de ser una consola exitosa, la PlayStation dejó una huella en la cultura pop, demostrando cómo la innovación puede moldear la cultura y trascender fronteras.

"Greatness Awaits"

SPACE X

"Redujo el coste de poner un kilogramo en órbita de 65.400 $ a 1.500 $"

S paceX fue fundada en 2002 por Elon Musk con la visión de revolucionar la exploración espacial. Tras su éxito con PayPal, Musk buscaba nuevas formas de avanzar en tecnología y vio la oportunidad en el campo aeroespacial.

Inspirado por la dificultad de acceder al espacio y los altos costos asociados, Musk decidió crear una empresa que pudiera cambiar el paradigma de los viajes espaciales.

SpaceX se propuso desarrollar cohetes reutilizables para reducir costos y hacer que el espacio fuera más accesible. En 2006, lanzaron con éxito el cohete Falcon 1, pero también enfrentaron fracasos iniciales.

Después de varios intentos, en 2008 lograron que Falcon 1 llegara a órbita, un hito crucial para la empresa. Posteriormente, con el desarrollo del Falcon 9, lograron contratos con la NASA y comenzaron a llevar suministros a la Estación Espacial Internacional.

Desde entonces, SpaceX ha continuado evolucionando y ha revolucionado los viajes espaciales con cohetes reutilizables y proyectos como el programa Starlink para proporcionar Internet desde el espacio. Su objetivo final es facilitar la colonización humana de otros planetas.

Aprendizajes

1. **Persistencia en la adversidad**: A pesar de los fracasos iniciales, SpaceX perseveró y aprendió de cada obstáculo para lograr el éxito.

2. **Innovación disruptiva**: Desafiaron el statu quo de la industria aeroespacial con cohetes reutilizables, alterando radicalmente los costos y las posibilidades en la exploración espacial.

3. **Visión a largo plazo**: Mantuvieron una visión audaz de colonizar Marte, impulsando la constante innovación en su misión.

4. **Colaboración y asociaciones estratégicas**: Trabajaron con la NASA y otros socios, mostrando la importancia de las alianzas estratégicas en la exploración espacial.

5. **Resiliencia ante la incertidumbre**: En un campo complejo y desafiante, demostraron la importancia de la resiliencia y adaptabilidad para superar desafíos imprevistos.

"Starman"

SPOTIFY

"«Blinding Lights» de The Weeknd es la canción más escuchada: 3.900 millones reproducciones."

Spotify nació en 2006 en Suecia, fundado por Daniel Ek y Martin Lorentzon. La idea surgió cuando Ek, un emprendedor tecnológico, identificó la necesidad de crear un servicio de música en línea que fuera accesible, legal y ofreciera una amplia biblioteca de canciones.

El modelo de negocio se basó en ofrecer música mediante streaming, proporcionando a los usuarios acceso a un vasto catálogo de canciones sin la necesidad de comprarlas individualmente. Spotify se lanzó oficialmente en 2008 en Europa y se expandió rápidamente a nivel internacional.

La plataforma permitía a los usuarios escuchar música de manera gratuita con anuncios o suscribirse para eliminar los anuncios y acceder a funciones adicionales. Su interfaz intuitiva y la capacidad de crear listas de reproducción personalizadas contribuyeron al éxito de Spotify, convirtiéndolo en uno de los servicios de streaming de música más populares en todo el mundo.

Aprendizajes

1. **Innovación en la Industria Musical**: Spotify revolucionó la forma en que se consume música al introducir el streaming, ofreciendo acceso a una amplia gama de canciones de manera instantánea y legal.

2. **Modelo de Suscripción Freemium**: Su modelo de suscripción freemium, que ofrece opciones gratuitas con anuncios y suscripciones premium sin anuncios, ha establecido un estándar en la industria del streaming.

3. **Enfoque en la Experiencia del Usuario**: La plataforma se centra en la usabilidad, permitiendo a los usuarios crear listas de reproducción personalizadas, recibir recomendaciones y descubrir música nueva de manera intuitiva.

4. **Expansión Global y Adaptación al Mercado Local**: Spotify ha logrado expandirse internacionalmente, adaptándose a diferentes mercados y ofreciendo música localizada para atender a una amplia audiencia.

5. **Desafíos con la Industria Musical**: A lo largo de su historia, Spotify ha enfrentado desafíos con sellos discográficos y artistas debido a su modelo de negocio, lo que destaca la complejidad de trabajar con la industria musical para su éxito continuo.

"Música para todos"

STANDARD OIL COMPANY

"Se producen anualmente 4.000 Millones
de Toneladas de Petróleo"

S John D. Rockefeller fue un destacado empresario e industrial estadounidense conocido principalmente por su papel en la fundación de la Standard Oil Company, una de las corporaciones más grandes e influyentes en la industria del petróleo a fines del siglo XIX y principios del siglo XX.

Rockefeller fundó la Standard Oil Company en 1870, la cual se convirtió en una de las primeras y más exitosas compañías petroleras del mundo. La compañía fue pionera en la producción, refinación, transporte y distribución de petróleo a gran escala en Estados Unidos. A través de estrategias de integración vertical y control de la cadena de suministro, Standard Oil dominó el mercado petrolero en su época.

Sin embargo, en 1911, debido a problemas antimonopolio y acciones gubernamentales, la Corte Suprema de los Estados Unidos ordenó la disolución de Standard Oil en varias empresas más pequeñas, lo que llevó a la formación de compañías separadas que luego se convertirían en las actuales ExxonMobil, Chevron y otras.

John D. Rockefeller también realizó importantes contribuciones filantrópicas y fundó la Universidad de Chicago, entre otras obras caritativas, destacándose como uno de los filántropos más importantes de la historia.

Aprendizajes

1. **Innovación empresarial**: Rockefeller fue un visionario en la industria petrolera, adoptando estrategias como la integración vertical para consolidar el control sobre la producción, refinación y distribución del petróleo. Esto destaca la importancia de la innovación y la visión empresarial para alcanzar el éxito.

2. **Ética empresarial**: Aunque su legado está marcado por el éxito empresarial, Rockefeller también enfrentó críticas por prácticas comerciales que llevaron a la formación de un monopolio. Su caso resalta la importancia de equilibrar el éxito comercial con la ética empresarial y la responsabilidad social.

3. **Filantropía**: Después de su etapa empresarial, Rockefeller se dedicó a la filantropía, donando grandes sumas a organizaciones benéficas y fundando instituciones educativas. Su enfoque en devolver a la sociedad resalta la importancia de la responsabilidad social corporativa y el impacto positivo que pueden tener las grandes fortunas en el mundo.

4. **Regulación y competencia**: La historia de Rockefeller también subraya la importancia de la regulación gubernamental para controlar los monopolios y promover la competencia justa en los mercados.

"Si tu único objetivo es hacerte rico, nunca lo lograrás"

STARBUCKS

"80 Millones de Tazas de Café a la Semana"

La historia de Starbucks es una narrativa de transformación de una pequeña tienda de café en Seattle a un ícono global del café. Fundada en 1971 por Jerry Baldwin, Zev Siegl y Gordon Bowker, la tienda original vendía granos de café y equipos para prepararlo en casa. Howard Schultz, impresionado por la visión de la empresa, se unió y posteriormente adquirió la compañía en 1987.

Schultz transformó Starbucks en una experiencia de café centrada en el cliente. Introdujo el concepto de cafeterías como un "tercer lugar" aparte de la casa y el trabajo. La marca se enfocó en ofrecer una experiencia acogedora y de alta calidad, con café elaborado artesanalmente y una atmósfera única. El éxito de Starbucks se atribuye a su enfoque en la calidad del café, la atención al cliente y la expansión global.

Su estrategia de expansión agresiva llevó a Starbucks a convertirse en una presencia global con miles de tiendas en todo el mundo. La marca también se enfocó en la sostenibilidad, comprometiéndose a obtener café de fuentes éticas y apoyando comunidades cafetaleras.

Aprendizajes

1. **Innovación y Transformación**: Starbucks pasó de vender granos de café y equipos a convertirse en una experiencia de café centrada en el cliente bajo el liderazgo de Howard Schultz, demostrando la importancia de adaptarse y evolucionar.

2. **Experiencia del Cliente**: La creación de un ambiente acogedor y cómodo en las tiendas, promoviendo el café como un "tercer lugar", subraya la relevancia de la experiencia del cliente en el éxito de la marca.

3. **Calidad y Diversificación**: La oferta de café de alta calidad y la diversificación de productos, como el Frappuccino, ilustran cómo la innovación y la ampliación de la gama pueden aumentar la atractividad de la marca.

4. **Expansión Global y Adaptación**: La expansión global de Starbucks y su capacidad para adaptarse a diferentes culturas y mercados demuestran la importancia de la flexibilidad y la comprensión del público local.

5. **Sostenibilidad y Responsabilidad**: El compromiso con la sostenibilidad y la responsabilidad social, a través de prácticas éticas y apoyo a comunidades cafetaleras, muestra la relevancia de la responsabilidad corporativa en la marca.

"Starbucks Red Cup Season"

STRAVA

"Registrados más de 16.000 millones de kilómetros recorridos en bici"

Strava, una popular plataforma para deportistas y entusiastas del fitness, fue fundada en 2009 por Mark Gainey y Michael Horvath. Ambos fundadores, entusiastas del ciclismo y el running, vieron la oportunidad de crear una comunidad en línea que conectara a atletas de todo el mundo.

La idea surgió de su pasión por el deporte y su deseo de proporcionar a los atletas una plataforma donde pudieran compartir sus actividades, registrar su progreso y conectarse con otros con intereses similares. Strava se centra en la tecnología GPS para rastrear y registrar actividades deportivas como ciclismo, running y natación, entre otros deportes.

La plataforma permite a los usuarios seguir rutas, registrar y compartir sus entrenamientos, establecer desafíos y competir virtualmente con otros atletas. La comunidad de Strava creció rápidamente, convirtiéndose en un espacio donde los deportistas comparten experiencias, se motivan mutuamente y celebran logros deportivos.

A lo largo de los años, Strava ha seguido expandiéndose, agregando funciones y mejoras para brindar a los usuarios una experiencia deportiva enriquecida y socialmente interactiva.

Aprendizajes

1. **Conexión a través del deporte**: Strava demostró la

importancia de la comunidad en el mundo del deporte, creando un espacio en línea donde los atletas pueden conectarse, motivarse y compartir sus logros deportivos, independientemente de su ubicación geográfica.

2. **Tecnología para el fitness**: La plataforma hizo uso de la tecnología GPS para rastrear actividades deportivas, mostrando cómo la tecnología puede mejorar la experiencia del usuario y proporcionar datos valiosos para el análisis del rendimiento.

3. **Competencia saludable**: La función de desafíos y competiciones virtuales en Strava ha fomentado una competencia amistosa entre los usuarios, motivándolos a superarse a sí mismos y celebrar logros deportivos.

4. **Comunidad global**: Strava ha creado una comunidad global de atletas, destacando cómo una plataforma en línea puede unir a personas de diferentes culturas y países mediante un interés común en el deporte y el fitness.

5. **Innovación continua**: La plataforma ha seguido evolucionando y mejorando, añadiendo nuevas características y funcionalidades, lo que destaca la importancia de la innovación constante para mantener el interés y el compromiso de los usuarios.

"Registra + Suda + Comparte = Kudos"

STRIPE

"100 operaciones de lectura por segundo"

L a invención de Stripe, la plataforma de pagos en línea, se remonta a la colaboración de dos hermanos, Patrick y John Collison, quienes fundaron la empresa en 2010. Su objetivo era simplificar el proceso de pagos en internet, un sistema que consideraban obsoleto y complicado. La idea de Stripe surgió de sus propias experiencias como desarrolladores, al enfrentar dificultades con sistemas de pago existentes al momento de crear aplicaciones web.

La innovación de Stripe radicó en su enfoque centrado en el usuario y en la facilidad de integración. La plataforma permitía a los desarrolladores incorporar rápidamente funcionalidades de pago en sus aplicaciones y sitios web, evitando la complejidad de los sistemas tradicionales. Esta simplicidad y flexibilidad atrajeron a numerosos clientes y desarrolladores, impulsando el crecimiento rápido de la empresa.

A lo largo de los años, la empresa ha expandido sus servicios, incluyendo opciones de pago móvil, suscripciones, pagos recurrentes y herramientas para el comercio electrónico, convirtiéndose en una plataforma integral para las transacciones en línea.

Aprendizajes

1. **Enfoque centrado en el usuario**: Su éxito se fundamentó en comprender las necesidades de los desarrolladores y usuarios

finales, ofreciendo soluciones simples y efectivas.

2. **Simplicidad y accesibilidad**: La clave fue simplificar un proceso complejo, facilitando la integración de pagos en línea para desarrolladores de todos los niveles.

3. **Innovación constante**: Stripe continuó evolucionando sus servicios, agregando nuevas funciones y adaptándose a las demandas cambiantes del mercado, evidenciando la importancia de la innovación continua.

4. **Seguridad y confianza**: Su énfasis en la seguridad de las transacciones fortaleció la confianza de los usuarios y contribuyó a su éxito en un entorno digital cada vez más preocupado por la protección de datos.

5. **Adaptación ágil**: La capacidad de Stripe para pivotar y ofrecer nuevas soluciones en respuesta a las necesidades emergentes de los usuarios muestra la importancia de adaptarse rápidamente en un mercado dinámico.

6. **Ecosistema colaborativo**: La colaboración con desarrolladores, empresas y socios estratégicos fue fundamental para el crecimiento y la expansión global de Stripe.

"Infraestructura de pagos para Internet"

TESLA

"2022: 81.000 Millones de Facturación"

Tesla, fundada en 2003 por Elon Musk, se ha convertido en un referente en la industria automotriz y de la energía. Reconocida por sus vehículos eléctricos, Tesla ha desafiado el paradigma de los autos convencionales, produciendo modelos como el Model S, Model 3, Model X y Model Y, así como el Cybertruck y el Roadster.

La compañía se distingue por su enfoque en la innovación tecnológica, ofreciendo características avanzadas como la conducción autónoma, actualizaciones remotas de software y una red de carga rápida para vehículos eléctricos a través de su red de estaciones Supercharger.

Tesla ha buscado la sostenibilidad, promoviendo la adopción de vehículos eléctricos para reducir la huella de carbono y la dependencia de los combustibles fósiles.

El liderazgo de Elon Musk ha sido fundamental para el crecimiento de Tesla, aunque la compañía ha enfrentado desafíos en la producción y cumplimiento de objetivos. A pesar de esto, Tesla ha impulsado la adopción de vehículos eléctricos y ha establecido nuevos estándares en la industria automotriz, promoviendo la innovación y la sostenibilidad en el transporte y la energía.

Aprendizajes

1. **Innovación Tecnológica**: Tesla ha demostrado el poder

de la innovación al crear vehículos eléctricos avanzados con características como la conducción autónoma y actualizaciones de software remotas, desafiando los estándares de la industria automotriz.

2. **Sostenibilidad**: La empresa ha impulsado la adopción de vehículos eléctricos como una solución para reducir la huella de carbono y promover la sostenibilidad ambiental.

3. **Diversificación**: La expansión hacia el desarrollo de baterías domésticas y soluciones de almacenamiento de energía muestra la capacidad de Tesla para diversificar su oferta y explorar nuevos mercados.

4. **Liderazgo**: El papel de Elon Musk como líder visionario ha sido esencial para el crecimiento de Tesla, aunque la empresa ha enfrentado desafíos en la producción y cumplimiento de objetivos.

5. **Impacto en la Industria**: Tesla ha marcado un hito en la industria automotriz, redefiniendo estándares y desafiando la percepción tradicional de los vehículos, fomentando la competencia y la innovación.

"Elon"

THE LEGO GROUP

"63.000 piezas diferentes"

En 1932, Ole Kirk Christiansen fundó LEGO en Dinamarca, inicialmente como una carpintería. Durante la Gran Depresión, la compañía comenzó a producir juguetes de madera, incluyendo bloques de construcción. En 1949, LEGO comenzó a fabricar bloques de plástico. En 1958, patentaron el diseño del bloque LEGO moderno, con su característico sistema de tubos y remaches que permitían una conexión firme entre piezas. La década de 1960 vio un gran crecimiento para LEGO con la introducción de nuevas líneas de productos y la expansión internacional. En los años 70 y 80, se lanzaron series icónicas como LEGO Technic y minifiguras. En los 90, LEGO atravesó dificultades financieras, pero se recuperó gracias a cambios estratégicos. En 1999, LEGO lanzó LEGO Star Wars, marcando el inicio de colaboraciones con franquicias famosas. En la década de 2000, LEGO se convirtió en una marca de entretenimiento multimedia con videojuegos, películas y parques temáticos. En años recientes, LEGO ha mantenido su popularidad con sets basados en películas, series y creaciones originales, además de promover la creatividad y el aprendizaje a través del juego.

Aprendizajes

1. **Innovación en diseño**: La creación del sistema de tubos y remaches en los bloques LEGO permitió una conexión robusta entre piezas, siendo un ejemplo de diseño ingenioso.
2. **Adaptación al mercado**: LEGO ha sabido evolucionar y diversificar su oferta de productos para mantenerse relevante a

lo largo del tiempo, introduciendo nuevas líneas de productos y colaboraciones con franquicias populares.

3. **Marca de entretenimiento integral**: La expansión de LEGO más allá de los juguetes hacia videojuegos, películas y parques temáticos ha fortalecido su presencia como una marca de entretenimiento completa.

4. **Fomento de la creatividad y aprendizaje**: LEGO ha sido reconocido por su capacidad para promover la creatividad, el aprendizaje y el desarrollo de habilidades cognitivas y motoras en los niños a través del juego.

5. **Colaboraciones estratégicas**: La asociación con franquicias famosas como Star Wars ha demostrado la efectividad de las colaboraciones estratégicas para expandir el mercado y llegar a nuevas audiencias.

6. **Internacionalización exitosa**: LEGO ha logrado expandirse con éxito a nivel global, adaptando sus productos y estrategias de marketing a diferentes culturas y mercados.

"Rebuild The World"

TIK TOK

"11 Millones de Videos Nuevos cada Día"

TikTok, una aplicación de redes sociales para compartir videos cortos, fue lanzada en 2016 por la empresa china ByteDance. Inicialmente, bajo el nombre de Douyin, la aplicación se introdujo en el mercado chino. En 2017, ByteDance adquirió la plataforma Musical.ly y, en 2018, fusionó ambas aplicaciones para crear TikTok, expandiéndose a nivel global.

La aplicación se hizo popular rápidamente, especialmente entre los usuarios más jóvenes, debido a su formato de videos cortos, su enfoque en la creatividad y la capacidad de compartir contenido de manera rápida y sencilla.

A medida que crecía su base de usuarios, TikTok se convirtió en un fenómeno cultural, con desafíos virales, tendencias musicales y contenido diverso que abarcaba desde bailes hasta comedia y tutoriales.

Sin embargo, también ha enfrentado desafíos, especialmente en términos de regulaciones y preocupaciones de seguridad de datos en algunos países, lo que llevó a debates sobre su operación y gestión de datos.

Aprendizajes

1. **Innovación disruptiva**: TikTok revolucionó el panorama de las redes sociales al introducir un formato de videos cortos y fácilmente compartibles, destacando la importancia de la innovación en la diferenciación en un mercado saturado.

2. **Enfoque en la creatividad y la comunidad**: El énfasis en la creatividad y en la participación de la comunidad de usuarios ha sido fundamental para su éxito, demostrando cómo involucrar a los usuarios en la creación de contenido puede impulsar el crecimiento.

3. **Atracción de audiencias jóvenes**: La capacidad de TikTok para atraer a la generación más joven muestra la importancia de comprender y satisfacer las necesidades de audiencias específicas.

4. **Desafíos de privacidad y regulación**: Las preocupaciones sobre la seguridad de los datos y la regulación han sido desafíos importantes para TikTok, ilustrando la importancia de abordar estas cuestiones en un entorno de redes sociales global.

5. A**daptabilidad cultural**: TikTok ha demostrado la importancia de adaptar su contenido a diferentes culturas y audiencias, reconociendo la diversidad y la globalización en la era de las redes sociales.

6. **Relevancia de la viralidad**: Su capacidad para generar desafíos virales y tendencias muestra el poder de la viralidad en la promoción y el crecimiento de una plataforma.

"Hashtag Challenges"

TINDER

"Más de 43 mil millones de matches"

Tinder, lanzado en 2012, fue concebido por Sean Rad, Jonathan Badeen, Justin Mateen, Joe Munoz, Dinesh Moorjani y Whitney Wolfe, quienes trabajaban para la empresa de incubadoras Hatch Labs. La idea detrás de Tinder surgió durante una tormenta de lluvia en un viaje a California. Rad y Badeen se inspiraron para crear una aplicación que permitiera a los usuarios conectarse con personas cercanas de una manera divertida y simple.

La aplicación se centró en la función de deslizar, donde los usuarios podían deslizar a la derecha si estaban interesados en alguien y a la izquierda si no lo estaban. La innovadora mecánica de deslizar rápidamente se volvió popular y contribuyó al atractivo único de Tinder.

El lanzamiento inicial se realizó en la Universidad del Sur de California, y el éxito fue rápido. La aplicación se expandió rápidamente a otras universidades y luego a nivel mundial. Tinder revolucionó las citas en línea al simplificar el proceso y poner un énfasis en la apariencia y la ubicación. Su formato se ha convertido en un estándar en la industria de las aplicaciones de citas.

Aprendizajes

1. **Innovación en Experiencia de Usuario**: Tinder revolucionó las citas en línea al introducir la función de deslizar, simplificando el proceso de emparejamiento y enfocándose en la

simplicidad y la diversión.

2. **Aprovechar la Tecnología Móvil**: La aplicación se adaptó a la creciente dependencia de los teléfonos móviles, capitalizando la comodidad y la accesibilidad que ofrecen las plataformas móviles.

3. **Escalabilidad Rápida**: El éxito inicial en las universidades y la rápida expansión a nivel mundial resaltan la importancia de una estrategia de crecimiento ágil y la captura temprana de usuarios entusiastas.

4. **Enfoque en la Interacción Visual**: La aplicación puso énfasis en las imágenes, lo que cambió la dinámica de las citas en línea al priorizar la apariencia y la estética.

5. **Impacto Cultural**: La forma en que Tinder transformó las interacciones sociales y las citas en línea muestra el poder de la tecnología para influir en la cultura y en las relaciones humanas en la era digital.

"Match"

TRIPADVISOR

"1.000 millones de reseñas"

TripAdvisor se fundó en 2000 por Stephen Kaufer y Langley Steinert en Massachusetts. La idea surgió cuando Kaufer, frustrado por la falta de información confiable sobre viajes en línea, buscaba opiniones de otros viajeros.

Lanzaron el sitio como una plataforma de reseñas de viajes donde los usuarios podían compartir experiencias y consejos. Inicialmente, se centraron en la comunidad de viajes y en proporcionar reseñas y opiniones imparciales.

La plataforma creció rápidamente, permitiendo a los usuarios escribir y leer reseñas, buscar alojamiento, restaurantes y actividades turísticas.

TripAdvisor se convirtió en una herramienta clave para viajeros en busca de recomendaciones y orientación. A lo largo de los años, ha ampliado su alcance para incluir funciones como reservas directas de hoteles y restaurantes.

Ha adquirido otros servicios relacionados con los viajes y se ha convertido en un recurso fundamental para millones de viajeros en todo el mundo que confían en las opiniones compartidas por la comunidad para planificar sus viajes.

Aprendizajes

1. **Poder de la comunidad**: La plataforma se basa en las opiniones

y experiencias de los usuarios, demostrando la influencia y credibilidad de las comunidades en línea.

2. **Transparencia y confiabilidad**: La importancia de la transparencia y la autenticidad en las reseñas en línea para generar confianza entre los usuarios.

3. **Escucha al usuario**: La creación de la plataforma surgió de la necesidad personal del fundador de encontrar información confiable sobre viajes, destacando la importancia de escuchar las necesidades del usuario.

4. **Evolución constante**: TripAdvisor ha ido más allá de las reseñas y ha ampliado sus servicios para ofrecer reservas directas, mostrando la necesidad de adaptarse y evolucionar con el tiempo.

5. **Impacto en la industria**: Ha transformado la forma en que las personas planifican y reservan sus viajes, demostrando cómo la tecnología puede cambiar las dinámicas de una industria.

"Don't Just Visit. Tripadvisorate"

TUPPERWARE

"Se vendían en más de 100 países"

E arl Tupper inventó el Tupperware en la década de 1940. Su plástico flexible y hermético revolucionó la conservación de alimentos. Aunque la invención fue innovadora, inicialmente enfrentó dificultades para venderse en las tiendas. Sin embargo, en 1948, una vendedora llamada Brownie Wise descubrió su potencial para las ventas directas en fiestas en el hogar.

Wise ideó el modelo de negocio que se convirtió en el pilar de Tupperware: las "fiestas Tupperware". Organizó reuniones en hogares donde demostraba las ventajas del producto, convenciendo a las amas de casa de su utilidad. Este enfoque no solo aumentó las ventas, sino que empoderó a las mujeres al ofrecerles una oportunidad de negocio.

Tupperware prosperó en las décadas siguientes, diversificando su línea de productos y expandiéndose internacionalmente. La empresa se convirtió en un símbolo de ventas directas y empoderamiento femenino. A pesar de enfrentar desafíos en la década de 1990, Tupperware se adaptó, manteniendo su legado y continúa siendo un nombre reconocido en el mundo de la cocina y el almacenamiento.

Aprendizajes

1. **Innovación en productos cotidianos**: Tupperware mostró

cómo la innovación en un producto básico puede transformar la vida diaria. Su diseño único y práctico revolucionó el almacenamiento de alimentos.

2. **Estrategias de venta personalizada**: El enfoque de Brownie Wise en las "fiestas Tupperware" introdujo una estrategia de ventas directas que aprovechó la conexión personal con los clientes. Esta técnica demostró la importancia del marketing personalizado.

3. **Adaptabilidad y reinventarse**: A pesar de los desafíos, Tupperware se adaptó continuamente. La capacidad de diversificar su oferta y mantener su relevancia durante décadas destaca la importancia de la adaptabilidad empresarial.

"Fiestas Tupperware"

TWITTER

"2022: 81.000 Millones de Facturación"

Twitter se gestó como un proyecto de la compañía Odeo, una startup fundada por Noah Glass y Evan Williams. Durante una reunión de brainstorming en 2006, Jack Dorsey, un empleado de Odeo, propuso una idea: una plataforma de mensajes breves de 140 caracteres o menos, inspirada en los mensajes de estado de los mensajes de texto SMS.

El concepto inicial, conocido como "twttr" en su fase inicial de desarrollo, buscaba ofrecer una manera rápida y concisa de comunicarse y compartir actualizaciones en tiempo real. En marzo de 2006, se publicó el primer tweet de la historia: "Just setting up my twttr", escrito por Jack Dorsey.

Twitter se lanzó oficialmente en julio de 2006 y pronto ganó popularidad entre los usuarios debido a su formato simple y su capacidad para compartir información y opiniones de manera instantánea. A medida que la plataforma crecía, se convirtió en un medio crucial para noticias en tiempo real, eventos en vivo, conversaciones globales y un espacio para la expresión pública y el debate. Esta red social se ha convertido en un elemento integral de la cultura digital y una herramienta poderosa para la comunicación global.

Aprendizajes

1. **Simplicidad Eficaz**: Twitter demostró que la simplicidad puede ser poderosa. Limitar los mensajes a 140 caracteres (actualmente 280) permitió una comunicación rápida y concisa, fomentando la creatividad y la síntesis de ideas.

2. **Noticias en Tiempo Real**: La plataforma se convirtió en un importante recurso para noticias y eventos en tiempo real, subrayando la importancia de las redes sociales en la difusión de información y el seguimiento de acontecimientos mundiales.

3. **Conexión Global**: Twitter ha sido un catalizador para la conexión global, permitiendo que personas de diferentes países y culturas se comuniquen, compartan perspectivas y generen conversaciones significativas.

4. **Influencia en la Cultura y el Activismo**: Ha demostrado su influencia en la cultura popular y el activismo social, siendo utilizado como una herramienta para la expresión, la conciencia social y la movilización ciudadana.

5. **Evolución Continua**: La plataforma ha evolucionado constantemente, agregando funciones como imágenes, videos, hilos de conversación y algoritmos para mostrar contenido relevante, destacando la importancia de adaptarse a las necesidades cambiantes de los usuarios.

"Lo que está pasando, ahora."

UBER

"2022: 81.000 Millones de Facturación"

Uber surgió en 2009 cuando Garrett Camp y Travis Kalanick tuvieron dificultades para encontrar un taxi en París. Este incidente inspiró la idea de una aplicación que permitiera solicitar un vehículo con facilidad. La aplicación inicialmente se llamaba "UberCab" y se lanzó en San Francisco como un servicio de transporte de lujo. En 2010, se cambió el nombre a "Uber".

La idea se fundamentaba en la utilización de la tecnología para conectar a conductores registrados y usuarios a través de una aplicación móvil, ofreciendo una alternativa de transporte más conveniente y accesible. El servicio de Uber se destacaba por permitir a los pasajeros solicitar un vehículo, rastrear su ubicación y pagar de manera digital, lo que revolucionó la experiencia de viaje.

El enfoque inicial fue en vehículos de gama alta, pero luego se expandió a diferentes categorías de vehículos y servicios como UberX, UberPool y UberEats. A medida que Uber crecía, enfrentaba desafíos regulatorios y críticas, pero su modelo de negocio disruptivo cambió la industria del transporte a nivel global.

Aprendizajes

1. **Innovación Disruptiva**: Uber introdujo un modelo de negocio innovador al utilizar la tecnología para transformar la

industria del transporte, ofreciendo una alternativa conveniente y accesible a los taxis tradicionales.

2. **Experiencia del Usuario**: La facilidad de uso de la aplicación y la capacidad de rastrear vehículos en tiempo real mejoraron significativamente la experiencia del usuario, estableciendo un estándar para la comodidad en el transporte.

3. **Adaptación a la Demanda**: La diversificación de servicios, desde vehículos de lujo hasta opciones más económicas como UberX y UberPool, mostró la capacidad de la empresa para adaptarse a diferentes necesidades y segmentos de mercado.

4. **Enfoque en la Seguridad**: La implementación de medidas de seguridad y la verificación de antecedentes para conductores y usuarios resaltaron la importancia de la confianza y la seguridad en el éxito de la plataforma.

5. **Desafíos Regulatorios**: Uber enfrentó desafíos regulatorios en muchos mercados, lo que subraya la necesidad de adaptarse a las leyes locales y trabajar en colaboración con los gobiernos para operar legalmente.

"Haz que llegar sea fácil"

VISA

"23 Millones de operaciones al día"

Visa nació en 1958 bajo el nombre de BankAmericard, un sistema de tarjetas de crédito creado por Bank of America en California, Estados Unidos. Este sistema fue innovador, permitiendo a los clientes realizar compras y pagar en múltiples comercios mediante una tarjeta de crédito emitida por el banco.

En 1970, Bank of America licenció la marca BankAmericard a otras instituciones financieras, lo que llevó a la formación de National BankAmericard Incorporated (NBI), que posteriormente se convirtió en Visa Inc. En 1976, se adoptó el nombre "Visa" a nivel internacional, convirtiéndose en una red global de tarjetas de crédito y débito.

Visa revolucionó la industria financiera al ofrecer un sistema de pago electrónico que permitía a los usuarios realizar transacciones seguras y convenientes en todo el mundo. Con el tiempo, la compañía se ha expandido a casi todos los rincones del planeta, ofreciendo una amplia gama de servicios financieros y de pago, facilitando el comercio global y estableciéndose como una de las marcas líderes en el sector de tarjetas de crédito y débito.

Aprendizajes

1. **Innovación en Pagos Electrónicos**: Visa fue pionera en la creación de un sistema de tarjetas de crédito y débito, ofreciendo a los usuarios la capacidad de realizar transacciones electrónicas

en múltiples comercios de manera conveniente.

2. **Expansión Global**: La expansión internacional de Visa contribuyó significativamente a la globalización de las transacciones financieras, permitiendo a los usuarios utilizar sus tarjetas en una amplia variedad de países y establecimientos.

3. **Seguridad y Confianza**: Visa se ha centrado en garantizar la seguridad de las transacciones, implementando tecnologías avanzadas y protocolos de seguridad para proteger la información financiera de los usuarios.

4. **Facilitador del Comercio Global**: La presencia global de Visa ha facilitado el comercio internacional, permitiendo transacciones financieras rápidas y seguras entre diferentes países y culturas.

5. **Adaptación a la Tecnología**: Visa ha seguido innovando y adaptándose a las tendencias tecnológicas, integrando sistemas de pago móvil y ofreciendo soluciones de pago más ágiles y eficientes.

"Everywhere you want to be"

WALMART

"2022: 611.000 Millones de Facturación"

Walmart se originó en 1962 cuando Sam Walton, un empresario visionario, abrió el primer Walmart Discount City en Rogers, Arkansas, Estados Unidos. Walton, con experiencia en la gestión minorista, tenía la visión de ofrecer productos a precios bajos para atraer a una amplia base de clientes. Su enfoque innovador incluyó estrategias como la minimización de costos, la eficiencia en la cadena de suministro y la centralización de la administración.

La idea de Walmart era simple pero poderosa: ofrecer productos a precios más bajos que la competencia. La compañía se expandió rápidamente en las décadas siguientes, adoptando un modelo de negocio de "supercentro", que combinaba comestibles y productos generales bajo un mismo techo. Esta estrategia atrajo a consumidores que buscaban conveniencia y precios competitivos.

Walmart se convirtió en una de las mayores cadenas minoristas del mundo, expandiéndose internacionalmente y diversificando sus operaciones para incluir supercentros, tiendas de descuento y clubes de almacenes. La empresa también ha incorporado tecnología avanzada en sus operaciones, manteniendo su posición como líder en la industria minorista global.

Aprendizajes

1. **Estrategia de Precios Bajos**: Walmart revolucionó el sector

minorista al enfocarse en ofrecer productos a precios más bajos que sus competidores, atrayendo así a una amplia base de clientes.

2. **Eficiencia en la Cadena de Suministro**: La compañía implementó estrategias para minimizar costos y optimizar la cadena de suministro, lo que permitió ofrecer precios competitivos y mantener márgenes rentables.

3. **Modelo de Supercentro**: La introducción de supercentros, que combinaban comestibles y productos generales, proporcionó a los consumidores una experiencia de compra integral y conveniente.

4. **Expansión Internacional y Diversificación**: Walmart logró expandirse a nivel global y diversificar sus operaciones, adaptándose a diferentes mercados y necesidades locales.

5. **Innovación Continua**: La empresa ha incorporado tecnología avanzada en sus operaciones para mejorar la eficiencia y mantener su posición como líder en la industria minorista.

"Save money. Live better."

WALT DISNEY

"2022: 81.000 Millones de Facturación"

Walt Disney, un visionario en la industria del entretenimiento, cofundó The Walt Disney Company en 1923 junto con su hermano Roy. Inicialmente, la compañía se destacó por sus innovaciones en la animación, con personajes icónicos como Mickey Mouse, introducido en 1928. A lo largo de las décadas, Disney expandió su imperio a películas, televisión, parques temáticos y más.

El lanzamiento de "Blancanieves y los Siete Enanitos" en 1937 fue la primera película animada de longitud completa y marcó un hito en la historia del cine. La creación de Disneyland en 1955 y luego Disney World en 1971 estableció nuevos estándares para parques temáticos.

El legado de Disney va más allá de los personajes animados; la compañía ha sido líder en tecnología cinematográfica y ha adquirido franquicias exitosas como Marvel y Star Wars. La visión y creatividad de Walt Disney dejaron un impacto duradero en la narración de historias y el entretenimiento a nivel global.

Aprendizajes

1. **Innovación y Creatividad**: Disney fue pionero en la animación y la narración de historias, fomentando la innovación técnica y creativa en la industria del entretenimiento.

2. **Diversificación de Negocios**: La expansión de Disney a través de películas, parques temáticos, televisión y adquisiciones estratégicas demostró la importancia de diversificar las fuentes de ingresos.

3. **Enfoque en Calidad**: Disney mantuvo un compromiso constante con la calidad, manteniendo altos estándares en sus productos y experiencias para los clientes.

4. **Experiencia del Cliente**: La creación de parques temáticos centrados en la experiencia del visitante estableció un modelo para la atención al cliente y la construcción de marca.

5. **Visión a Largo Plazo**: La visión a largo plazo de Walt Disney y su equipo les permitió crear un legado duradero y adaptarse a los cambios en la industria del entretenimiento.

"Disneyland Opening Day"

WHATSAPP

"2022: 2.000 Millones de Usuarios Activos"

WhatsApp fue fundado en 2009 por dos ex empleados de Yahoo!, Jan Koum y Brian Acton. La idea surgió a partir de la necesidad de tener una plataforma de mensajería simple y efectiva. Koum, que había crecido en la Unión Soviética, entendía la importancia de la privacidad en la comunicación, lo que influyó en el enfoque de WhatsApp en la privacidad y seguridad de los mensajes.

La aplicación se centró en proporcionar un servicio de mensajería instantánea confiable y fácil de usar. En un principio, se basaba en el estado del usuario y luego evolucionó hacia una plataforma de mensajería independiente que funcionaba con los números de teléfono de los usuarios en lugar de los nombres de usuario.

WhatsApp se hizo popular rápidamente debido a su simplicidad, su capacidad multiplataforma y la ausencia de publicidad. En 2014, fue adquirido por Facebook por una cantidad considerable, lo que fortaleció aún más su posición como una de las principales aplicaciones de mensajería en todo el mundo.

Aprendizajes

1. **Sencillez y Facilidad de Uso**: WhatsApp se destacó por su enfoque en la simplicidad y la experiencia de usuario intuitiva, lo que atrajo a una amplia base de usuarios.

2. **Privacidad y Seguridad**: La atención a la privacidad de

los mensajes y la seguridad de la plataforma demostraron ser aspectos críticos para ganarse la confianza de los usuarios.

3. **Enfoque en la Funcionalidad Principal**: La aplicación se centró inicialmente en la mensajería instantánea, evitando características innecesarias, lo que permitió una experiencia más enfocada.

4. **Capacidad Multiplataforma**: La adaptación de la aplicación para funcionar en diferentes sistemas operativos móviles permitió una mayor accesibilidad para los usuarios.

5. **Evolución Continua**: La capacidad de adaptación y mejora constante de la aplicación a lo largo del tiempo ha sido clave para mantenerse relevante y competitiva en el mercado de la mensajería instantánea.

"Simple. Personal. Seguro."

WILSDORF AND DAVIS

"Se venden 1 millón de Rolex al año"

W ilsdorf and Davis, luego conocida como Rolex, es una crónica de innovación en la relojería. Fundada en 1905 en Londres por Hans Wilsdorf y Alfred Davis, la empresa inicialmente importaba relojes suizos, pero en 1908, Wilsdorf registró la marca Rolex.

En 1910, obtuvieron la primera certificación de cronometrador para un reloj de pulsera, destacando la precisión de sus relojes. La década de 1920 marcó un hito con el lanzamiento del "Oyster", el primer reloj hermético y resistente al agua del mundo. Durante la Segunda Guerra Mundial, los relojes Rolex se ganaron una reputación por su durabilidad y fiabilidad. En 1945, presentaron el "Datejust", el primer reloj automático cronómetro con ventana de fecha en la esfera.

A lo largo de los años, Rolex ha continuado innovando con certificaciones de cronometrador, materiales exclusivos y mejoras en la precisión y resistencia al agua.

Su enfoque en la excelencia técnica y el diseño clásico ha solidificado su posición como una de las marcas de relojes más prestigiosas y reconocidas del mundo.

Aprendizaje

1. **Innovación constante**: Rolex ha demostrado la importancia de la innovación continua en la relojería, desde la introducción del primer reloj resistente al agua hasta el desarrollo de

mecanismos automáticos de carga.

2. **Enfoque en la calidad**: Su compromiso con la precisión y la durabilidad ha establecido un estándar en la industria, mostrando la importancia de la calidad en la construcción de una marca duradera.

3. **Adaptación a los desafíos**: Durante la guerra, Rolex se convirtió en un símbolo de resistencia, lo que resalta la capacidad de adaptación de la marca a circunstancias difíciles.

4. **Valor de la reputación**: La consistencia en la entrega de productos de alta calidad ha contribuido a la sólida reputación de Rolex, destacando la importancia de mantener la confianza del cliente.

5. **Perseverancia**: A lo largo de más de un siglo, Rolex ha mantenido su enfoque en la excelencia, mostrando la importancia de la perseverancia y el compromiso a largo plazo en el éxito de una marca.

"El Rolex Daytona propiedad de Paul Newman se vendió en 2017 por aproximadamente 17,8 millones."

WIRELESS TELEGRAPH & SIGNAL COMPANY

"22 Millones de personas escuchan cada día la radio"

La Wireless Telegraph & Signal Company fue fundada por Guglielmo Marconi en 1897 en el Reino Unido. Esta empresa fue el resultado directo de los avances pioneros de Marconi en el desarrollo de la tecnología de la radio y la comunicación inalámbrica.

Marconi, con el respaldo financiero de inversores, estableció la empresa con el objetivo de comercializar su invento, el sistema de telegrafía sin hilos (o inalámbrico). La compañía se centró en el desarrollo y la implementación de estaciones de radio y equipos para la transmisión de señales inalámbricas, siendo pionera en el campo de las telecomunicaciones.

La Wireless Telegraph & Signal Company (más tarde conocida como Marconi Company) desempeñó un papel crucial en la promoción y el desarrollo de la comunicación inalámbrica en el Reino Unido y a nivel internacional. Colaboró en proyectos de gran envergadura, como el establecimiento de sistemas de comunicación transatlántica.

A través de sus esfuerzos, la empresa de Marconi contribuyó significativamente al desarrollo y la expansión de la radio y la comunicación sin cables en el siglo XX. Fue uno de los principales actores en el crecimiento y la evolución de la tecnología de las telecomunicaciones en esa época.

Aprendizajes

1. **Innovación y visión**: La empresa surgió de la visión innovadora de Guglielmo Marconi en la comunicación inalámbrica, destacando la importancia de la innovación en la creación de nuevas tecnologías.

2. **Desarrollo tecnológico**: Demostró cómo la investigación y el desarrollo tecnológico transformaron la forma en que las personas se comunican y conectan a nivel mundial.

3. **Impacto en las comunicaciones**: Liderando el desarrollo de la radio y la tecnología inalámbrica, dejó un legado duradero en las telecomunicaciones, cambiando la forma en que interactuamos globalmente.

"Entretenimiento asequible."

WORLD WIDE WEB

"Es relativamente reciente: 1989"

La World Wide Web (WWW) surgió en 1989 de la mente de Tim Berners-Lee, un científico de la computación del CERN (Organización Europea para la Investigación Nuclear).

Este sistema permitía la transferencia de información en hipertexto a través de una red de computadoras, facilitando el acceso y la navegación por distintos recursos en línea. Berners-Lee desarrolló el lenguaje HTML, el protocolo HTTP y el primer navegador web, llamado WorldWideWeb, que posibilitaban la creación y visualización de páginas web.

La WWW revolucionó la forma en que la información era accesible y compartida, convirtiéndose en un medio vital para la difusión global de datos. La evolución constante de tecnologías web, el auge de navegadores como Netscape Navigator y la expansión de proveedores de servicios de internet en los años 90 contribuyeron al crecimiento exponencial de la web.

La accesibilidad y la democratización del conocimiento se convirtieron en pilares fundamentales de esta nueva era digital. La WWW continúa transformando el mundo, facilitando la comunicación, el comercio, la educación y el intercambio de ideas a nivel global.

Aprendizajes

1. **Conectividad global**: La WWW demostró la importancia de

conectar el mundo digitalmente, permitiendo la comunicación y el acceso a la información sin barreras geográficas.

2. **Democratización de la información**: Facilitó el acceso a un vasto conocimiento, nivelando el campo de juego para el aprendizaje y la investigación.

3. **Innovación tecnológica**: Estimuló el desarrollo constante de tecnologías web, impulsando la creación de nuevos navegadores, lenguajes de programación y estándares para la web.

4. **Interoperabilidad**: La estandarización de protocolos y lenguajes (HTTP, HTML) permitió la interconexión de sistemas, fomentando la colaboración entre distintos dispositivos y plataformas.

5. **Evolución constante**: La web sigue evolucionando, para adaptarse a los cambios tecnológicos y las tendencias emergentes para mantenerse relevante.

6. **Privacidad y seguridad**: Hizo evidente la necesidad de proteger la privacidad y la seguridad en línea, generando debates y esfuerzos por salvaguardar la integridad digital de los usuarios.

"This is for everyone"

WRIGHT COMPANY

"22 de mayo de 1903 los Hermanos Wright patentan su invento: el aeroplano"

L a Wright Company nació como una extensión de los esfuerzos de los hermanos Wright en el campo de la aviación. Después de los exitosos vuelos pioneros en 1903, los hermanos Wright decidieron avanzar en la producción de aviones. En 1909, fundaron la Wright Company para fabricar y vender aviones, motores y otros equipos relacionados con la aviación.

Inicialmente, la empresa se centró en satisfacer la demanda del gobierno estadounidense y del extranjero, vendiendo aviones y proporcionando capacitación de vuelo. A lo largo de su existencia, la Wright Company desarrolló y mejoró los diseños de aviones, contribuyendo significativamente al desarrollo temprano de la aviación.

En 1916, la Wright Company fue vendida a la Glenn L. Martin Company y se convirtió en parte de lo que más tarde sería conocido como la empresa Wright-Martin. Esta transición marcó el final de la participación directa de los hermanos Wright en la fabricación de aviones.

Aprendizajes

1. **Innovación Impulsada por la Pasión**: La empresa surgió del empeño y la pasión de los hermanos Wright por la aviación, demostrando cómo la perseverancia puede conducir a logros significativos.

2. **Evolución Empresarial**: Desde sus inicios como inventores hasta su incursión en la fabricación de aviones, la Wright Company ejemplifica la capacidad de adaptarse y diversificar su enfoque para satisfacer las demandas emergentes del mercado.

3. **Contribución a la Aviación**: Su compromiso con el desarrollo de aviones avanzados y motores influyó en la evolución de la aviación, sentando las bases para futuros avances en la industria aeroespacial.

4. **Importancia de la Colaboración**: La colaboración entre hermanos y su dedicación compartida al objetivo común fueron cruciales para el éxito de la Wright Company, destacando la importancia de la cooperación y el trabajo en equipo.

5. **Legado en la Historia de la Aviación**: Los hermanos Wright dejaron un legado perdurable que ha impactado profundamente en la historia de la aviación, inspirando a generaciones de innovadores en el campo aeroespacial.

"Pioneros de la Aviación"

YOUTUBE

"2023: 1.000 Millones Usuarios Diarios"

Los fundadores de YouTube son Chad Hurley, Steve Chen y Jawed Karim. La idea surgió en febrero de 2005 cuando Hurley y Chen, antiguos empleados de PayPal, tuvieron dificultades para compartir vídeos de una fiesta en línea.

Decidieron crear una plataforma donde la gente pudiera subir, compartir y ver vídeos fácilmente.

Jawed Karim se unió a ellos como cofundador y trabajó en el desarrollo del sitio. El primer vídeo que se subió a YouTube, titulado "Me at the zoo", fue subido por Karim el 23 de abril de 2005 y se convirtió en el primer vídeo del sitio.

La plataforma rápidamente ganó popularidad, permitiendo a los usuarios compartir vídeos de manera sencilla. En noviembre de 2006, Google adquirió YouTube por una cantidad significativa, lo que llevó a un crecimiento aún mayor y a la consolidación de YouTube como una de las plataformas de vídeo más importantes y populares en línea.

Aprendizajes

1. **Identificar una Necesidad**: Chad Hurley, Steve Chen y Jawed Karim identificaron la dificultad de compartir vídeos en línea como una oportunidad para crear una plataforma fácil de usar para compartir contenido visual.

2. **Innovación Simple**: La simplicidad y la accesibilidad fueron clave en el éxito de YouTube. La plataforma permitió a los usuarios subir y compartir vídeos de forma sencilla, llenando un vacío en el mercado.

3. **Visión de Futuro**: La visión de crear una comunidad global donde los usuarios pudieran compartir y consumir contenido visual demostró ser revolucionaria. La comprensión temprana del potencial del vídeo en línea llevó al éxito de YouTube.

4. **Adaptabilidad**: Tras la adquisición por parte de Google, YouTube continuó evolucionando, expandiendo su alcance y mejorando sus características para satisfacer las necesidades cambiantes de los usuarios y las demandas del mercado.

5. **Impacto Cultural**: YouTube cambió la forma en que se consumen y comparten vídeos en línea, convirtiéndose en un referente cultural y una poderosa herramienta de entretenimiento, educación y comunicación.

"Broadcast Yourself"

ZOOM

"500.000 empresas en todo el mundo lo usan"

Zoom nació en 2011 cuando el fundador, Eric Yuan, un ex ingeniero de Cisco Systems, decidió crear una plataforma de videoconferencia más eficiente y fácil de usar. Yuan estaba motivado por la idea de ofrecer un servicio que permitiera a las personas conectarse sin complicaciones y sin las limitaciones técnicas que experimentaba con otros programas y herramientas de videoconferencia.

Lanzado oficialmente en 2013, Zoom se destacó por su interfaz intuitiva, su capacidad para admitir múltiples dispositivos y su enfoque en la calidad de audio y video. La plataforma ganó popularidad rápidamente debido a su rendimiento confiable y su capacidad para facilitar reuniones remotas, lo que la convirtió en una herramienta esencial para empresas, educadores y usuarios individuales.

El crecimiento exponencial de Zoom se aceleró aún más durante la pandemia de COVID-19 en 2020, cuando la demanda de reuniones virtuales aumentó drásticamente. La plataforma se convirtió en un sinónimo de comunicación remota, destacándose por su capacidad para reunir a personas en tiempos de distanciamiento social.

Aprendizajes

1. **Enfoque en la Experiencia del Usuario**: Zoom se destacó por su interfaz intuitiva y fácil de usar, lo que atrajo a una amplia base de usuarios al proporcionar una experiencia de

videoconferencia sin complicaciones.

2. **Adaptación a la Demanda del Mercado**: La plataforma respondió ágilmente a la creciente necesidad de comunicación remota, especialmente durante la pandemia, ofreciendo una solución confiable y eficiente para reuniones virtuales.

3. **Escalabilidad Tecnológica**: Zoom demostró una capacidad excepcional para escalar y manejar un aumento explosivo en la demanda, asegurando la estabilidad de su plataforma durante el rápido crecimiento de usuarios.

4. **Facilitador de la Conectividad Global**: La herramienta se convirtió en un medio crucial para conectar a personas en diferentes partes del mundo, facilitando la colaboración y la comunicación sin importar la ubicación geográfica.

5. **Transformación del Trabajo Remoto**: Zoom contribuyó significativamente a la normalización y efectividad del trabajo remoto.

"Empower Your Future"

EPÍLOGO

De las diversas historias de empresas, destacaría algunos puntos clave:

1. **Innovación y visión**: Muchas empresas exitosas surgieron gracias a la innovación y la visión audaz de sus fundadores, quienes introdujeron ideas revolucionarias en sus respectivas industrias.

2. **Éxito y desafíos**: A menudo, el éxito empresarial estuvo acompañado de desafíos significativos, como la competencia feroz, la superación de obstáculos técnicos o la adaptación a los cambios del mercado.

3. **Ética empresarial y responsabilidad social:** Algunas historias resaltan la importancia de la ética empresarial, mostrando cómo el éxito debe estar equilibrado con la responsabilidad social y el impacto positivo en la sociedad.

4. **Filantropía y legado**: Muchos empresarios destacados dedicaron parte de su éxito a obras filantrópicas, dejando un legado más allá del ámbito empresarial y contribuyendo al bienestar de la sociedad.

En resumen, estas historias reflejan una combinación única de visión, innovación, desafíos superados, responsabilidad social y el legado más allá de las ganancias, aspectos que marcan la trayectoria de las empresas icónicas.

ACERCA DEL AUTOR

David Gracia — Con más de tres décadas de experiencia laboral, mi trayectoria se ha consolidado en empresas líderes en diversos sectores. Mi trayectoría profesional comenzó en el ámbito de la banca, donde adquirí conocimientos sólidos y fundamentales en el funcionamiento de este sector. Posteriormente, transitando por el campo del gran consumo, amplié mi visión y entendimiento sobre la dinámica de mercados amplios y diversos.

Mi camino me llevó a adentrarme en el mundo de la consultoría, donde trabajé de manera estratégica, asesorando y colaborando con diversas empresas en la optimización de sus procesos y estrategias de negocio. Esta experiencia fue esencial para comprender la importancia de la eficiencia y la innovación en entornos competitivos.

El giro hacia el marketing digital marcó una nueva etapa en mi trayectoria profesional. Aquí, centré mis esfuerzos en explorar y aprovechar las oportunidades que brinda la era digital, comprendiendo la relevancia de la presencia online, las estrategias digitales y el impacto de la tecnología en el mundo empresarial.

AGRADECIMIENTOS

Quiero expresar mi más profundo agradecimiento a todos aquellos elementos y recursos que han hecho posible la creación de este libro. Este proyecto se ha nutrido del conocimiento derivado de la lectura constante de numerosos libros de innovación, marketing y negocios, así como del seguimiento de noticias online a lo largo de muchos años. Esta extensa fuente de información ha sido fundamental para compilar una lista diversa y completa de empresas de diferentes sectores, las cuales han sido analizadas meticulosamente.

Me encantaría leer tus comentarios en una reseña en Amazon y que otros futuros lectores encuentren en tus palabras un motivo para leer el libro.

*****

AMAZON REVIEWS

Gracias por anticipado.

David